Norberto Peixoto

Encantos de Umbanda

Os fundamentos básicos do esoterismo Umbandista

4ª edição / Porto Alegre/RS / 2023

Capa e projeto gráfico: Marco Cena
Revisão: Sandro Andretta
Produção Editorial: Bruna Dali e Maitê Cena
Assessoramento Gráfico: André Luis Alt

Dados Internacionais de Catalogação na Publicação (CIP)

P379e Peixoto, Norberto
Encanto de Umbanda: os fundamentos básicos do esoterismo umbandista. / Norberto Peixoto. 4.ed. – Porto Alegre: BesouroBox, 2023.
168 p.; 16 x 23 cm

ISBN: 978-85-5527-027-7

1. Religião. 2. Umbanda. 3. Umbanda – fundamentos. I. Título.

CDU 299.6

Bibliotecária responsável Kátia Rosi Possobon CRB10/1782

Direitos de Publicação: © 2023 Edições BesouroBox Ltda.
Copyright © Norberto Peixoto, 2023.

Todos os direitos desta edição reservados à
Edições BesouroBox Ltda.
Rua Brito Peixoto, 224 - CEP: 91030-400
Passo D'Areia - Porto Alegre - RS
Fone: (51) 3337.5620
www.besourobox.com.br

Impresso no Brasil
Maio de 2023.

Esta singela obra é da comunidade do nosso terreiro e foi autorizada pelos seus tutores astrais. É para fortalecimento espiritual e material do templo, que necessita de manutenção e reforma, fazendo parte do patrimônio imaterial da associação, que doravante será intensificado.

SUMÁRIO

A vontade do Pai 6

A magia da Umbanda 9

Palavras iniciais 12

Preâmbulo (por Pai Juvêncio da Bahia) 16

A Lei Divina em ação na lógica da convergência
e pensamento de síntese Umbandista 19

Preconceito e os rótulos religiosos 24

O "núcleo duro" da Umbanda 30

A aparente ambiguidade de Exu cantada nos terreiros 34

A serventia das encruzilhadas 43

O encantamento das folhas para a
dinamização etéreo-astral dos fluidos vegetais 49

Fundamentos da fitoterapia nos terreiros 58

O segredo da folha 66

Todos nós somos médiuns? O que acontece com os
médiuns caídos e desistentes na transição planetária? 76

A magia de pemba, do sopro e a terapia das fumaçadas 83

As cachimbadas e fumaçadas
mágicas nas palavras de Pai Juvêncio 89

A água na magia, sua importância e utilização 96

O que é um Cruzeiro das Almas? 100

Os Caboclos Bugres 106

O destino individual e os caminhos
por meio do culto a Ori e aos Orixás 110

Assentamentos vibratórios dos Orixás 126

Endereços vibratórios nos passes
e na corrente de preces e irradiações 138

Breve interpretação teológica sobre a citação
de palavras sagradas e o poder da oração 143

A magia do som dos cantos
e toques de atabaques na Umbanda 146

Cinco casos verídicos vivenciados na Umbanda 157

Palavras finais 164

A Umbanda é uma gigantesca rede de pescadores das almas, jogada pelo Pai, no imenso oceano da existência dos espíritos humanizados retidos na Terra.
Ramatís

A vontade do Pai

Pelo fato de os milhares de terreiros que a compõem serem independentes entre si, comportando-se como unidades religiosas autônomas e livres, a Umbanda não é doutrinariamente padronizada na Terra e cremos que nunca o será por vontade do Pai. Mas por que será que esta é a vontade do Pai?

Lembremos que, desde o surgimento da Umbanda, o espiritismo codificado proíbe as manifestações de muitas entidades, que são tratadas como seres inferiores, menos esclarecidos, sofredores e obsessores, não encontrando médiuns nesta seara na Terra para trabalhar o Astral. Na verdade, o surgimento da Umbanda foi intensificado pela proibição da manifestação de africanos, índios, pretos(as) velhos(as) e caboclos(as) – vigente no início do século passado –, e que infelizmente permanece até os dias atuais.

Com certeza, a Umbanda foi arquitetada pelo Alto para democratizar o acesso à mediunidade nos dois lados da vida. Do lado de cá, dá oportunidade aos médiuns que precisam trabalhar, independente do seu grau de instrução, especialmente os menos favorecidos, os analfabetos e os pobres, incluindo-os igualmente no mediunismo, dado que, no espiritismo ortodoxo vigente, médium que não sabe ler não consegue frequentar as suas escolas. Do lado de lá, abre as portas aos espíritos julgados "marginais": bandidos, malandros, feiticeiros, bruxos, magos, curandeiros etc., dado o pensamento etnocêntrico judaico-católico ainda predominante em nosso inconsciente coletivo, que se reflete inegavelmente na "pureza" e exclusão dos centros espiritistas.

Esta "democratização" da mediunidade para todos, sem olhar a quem, alivia nosso carma coletivo acumulado de opressão pelas doutrinas reveladas, codificadas, religiões de um só profeta, crenças em um único livro sagrado...

Podemos dizer que a essência da Umbanda é a seguinte:

Todas as entidades serão ouvidas, e nós aprenderemos com aqueles espíritos que souberem mais e ensinaremos àqueles que souberem menos e a nenhum viraremos as costas e nem diremos não, pois esta é a vontade do Pai. (Caboclo das Sete Encruzilhadas)

A magia da Umbanda

Pai Tomé é um preto velho, que se apresenta à nossa visão psíquica com uma aparência frágil e mansa, baixa estatura, calvo, barbas brancas ralas até o meio do peito, um tanto curvado, por vezes segurando um cajado com a mão direita, completamente despojado de vestes elaboradas ou insígnias sacerdotais. Cobre-o apenas um diamantífero manto, aos moldes do singelo pano branco que Gandhi usava, deixando a metade do peito desnudo. Espírito de enorme amor pela humanidade, desde há muito se dedica inteiramente à causa de Jesus, em prol da evolução da coletividade terrena. Todavia, diz-nos sempre que ainda não estamos preparados para vivenciar a plenitude da vibração do Cristo, pois nossos corpos espirituais não suportariam a sua elevada frequência vibratória. Assim, é necessário que acumulemos esforços, sem violentar nenhuma consciência.

Observamos que os frequentadores do terreiro vêm sempre pedir algo para si, raros são os que vêm se doar, raríssimos os que atendem ao chamado da mediunidade para serem ativos trabalhadores. Quando perguntado a Pai Tomé qual é a "magia" que mantém a Umbanda, eis que ele responde:

Meus filhos amados, da nossa esfera de trabalho para a Terra, o terreiro é o Espaço Sagrado onde se realiza a ligação vibratória entre os dois planos da vida imortal. As pessoas que nos procuram são como os viajantes exauridos que encontram no caminho uma parada para descanso com fecundo poço d'água, no qual saciam a sede imediata e enchem o cantil do bornal do espírito para continuarem a longa caminhada. Contudo, lá fora, na estrada da existência diária, essas pessoas são para com os outros como desertos áridos de individualismo, pela fixação mental do querer tudo para si mesmas.

Reflitamos que é justo pedir. Entretanto, é preciso igualmente saber receber a água das dádivas concedidas e redistribuí-las. Deus dá igualmente a todos e é provedor sempre, nada pede para Si. A própria natureza, moldada por Deus, oferece-nos as mais profundas lições nesse sentido: a fonte recebe as águas e as espalha em regatos cristalinos; a árvore frutífera ganha o benefício da seiva e dá os frutos, curvando seus galhos para que os homens os alcancem; o mar forma as nuvens que fecundam a terra seca fazendo chover pingos de vida; as montanhas, em suas formações rochosas, amparam os vales verdejantes. Somente os homens costumam receber e nada dar em troca.

Se a Umbanda dependesse tão somente das criaturas de senso comum, que querem tudo da mediunidade para si próprias e quase nada realizam de doação para os outros, muito menos como médiuns a favor da Lei Divina auxiliando a faia sofredora da humanidade, há muito tempo o "poço" que mitiga a sede das almas teria secado. A Umbanda se mantém pelo "encanto" e "magia" de abundância inesgotável, provenientes da Fonte Divina da Criação, o amoroso Deus Criador.

Palavras iniciais

Meus irmãos, a Umbanda tem um esoterismo profundo. Esses conhecimentos "ocultos" guardam as chaves e os princípios cósmicos das forças que regem o Universo. Umbanda é Lei Divina! Como Lei Divina, seus princípios e conjuntos de regras regem todas as relações existentes no Cosmo. Em verdade, não é possível existirem várias "Umbandas", assim como não há vários Conjuntos de Leis Divinas; a Lei Divina é uma só e é ela que rege todas as coisas.

Os fundamentos básicos do esoterismo da Umbanda, os quais podemos chamar de chaves interpretativas das Leis Cósmicas Universais, são ritualizados de formas diferentes e interpretados nos mais diversos níveis de compreensão. Talvez aqui resida o motivo de muitos conflitos entre os adeptos umbandistas, que enxergam a forma manifestada no seu terreiro em detrimento da essência que une todos a uma mesma legislação cósmica. Quem defende a existência de várias "Umbandas", seja qual o nome que se dê às mesmas, esquece a observância dos princípios ocultos que estruturaram sua identidade. Assim, a Umbanda deixa de ser Essência para tornar-se Forma, deixa de ser Síntese Cósmica e vira Movimento Religioso, deixa de ser ampla para ser reduzida, como se pudéssemos colocar a água de um oceano inteiro dentro de uma garrafa. Ressalto que não há desmerecimento pela prática religiosa, pois a Umbanda também é religião, embora seja muito mais que isso, pois também é filosofia, ciência e arte. O esoterismo de Umbanda, entretanto, nos ensina as chaves que ligam todo esse Sistema de

Leis e Regras Universais. A nós, basta saber interpretá-las. Esses ensinamentos são antiquíssimos, já estiveram presentes em todas as regiões e religiões do mundo e foram revelados no seio dessa nova ordem surgida no Brasil, chamada Umbanda pelo Caboclo das Sete Encruzilhadas, e inexoravelmente ligada ao Cristo Cósmico (Atributos Divinos dos Orixás do Manto Branco), que teve em Jesus a representação máxima humana. Sob esse prisma, a Umbanda é organizada "de cima para baixo", seguindo as Hierarquias Superiores e em consonância com a vontade do Criador.

A Umbanda, materialmente falando, é uma organização recente que foi surgida no Brasil, um país altamente miscigenado no que diz respeito às suas tradições, profundamente católico e cristão, altamente espiritista e regado de fundamentos perdidos há muito em terras africanas e em nossa própria terra brasileira. Esse foi o solo fértil para que a Umbanda se desenvolvesse como uma religião popular que esconde as chaves capazes de ligar os profundos conhecimentos de culturas, aparentemente antagônicas, sob a égide de um universalismo crístico. Por isso, na Umbanda, há os Santos Católicos, os Orixás Africanos, os Índios Caboclos, o Povo do Oriente, todos convergindo harmonicamente e de maneira pacífica em prol do desenvolvimento espiritual da humanidade, com o objetivo de formar homens de bom caráter.

Por ser uma organização recente e ter-se usado do aparato necessário e disponível para a revelação dos Mistérios, os símbolos utilizados na Umbanda têm influências de várias culturas do mundo, destacando-se as culturas católica, espírita kardecista, ameríndia e nígero-ongolesa (os cultos de nação africana), principalmente, pelas nomenclaturas, ritualizações e pelo valor oculto e esotérico de seus símbolos.

Dessa maneira, o esoterismo de Umbanda evidencia-se por sua profunda capacidade em identificar os valores e os símbolos dessas diferentes culturas. Em uma sociedade tão pluralista, a crença, a fé e o tradicionalismo das pessoas não podem ser olvidados e é preciso encontrar a Verdade Espiritual por trás de cada símbolo e seu conteúdo simbolizado, de cada significado com seus significantes, pois é através dessas chaves interpretativas que vem o sagrado, que nos religamos ao Criador.

Este livro é fruto da necessidade de compartilhar algumas chaves interpretativas, teológicas e rito-litúrgicas praticadas no Grupo de Umbanda Triângulo da Fraternidade, do qual o autor é médium trabalhador e dirigente fundador, popularmente denominado chefe de terreiro. Não temos a pretensão de criar códigos de normas, muito menos impor verdades ou conhecimentos. Todavia, é inevitável convivermos com a intolerância que existe, não somente religiosa, mas de forma subliminar, em relação a valores que julgamos certos ou errados. O intolerante tem uma percepção de autoridade, posse da verdade e sentido de superioridade que são subprodutos do orgulho de sentir-se melhor e mais evoluído que os outros.

Tudo o que é dito nesta obra é decorrente da vivência prática mediúnica dentro do Espaço Sagrado umbandista e do auxílio dos amigos espirituais, pois muitas vezes foram eles que ditaram as mensagens. Em nenhum momento procuramos impor uma verdade ou uma doutrina, mas tão somente conduzir o leitor a uma reflexão mais profunda sobre qual é o sentido da existência humana, notadamente dos espiritualistas, simpatizantes e adeptos da religião de Umbanda.

Preâmbulo
(por Pai Juvêncio da Bahia)

Pai Juvêncio da Bahia é um preto velho iniciado na Jurema Sagrada, popularmente conhecida como Umbanda Juremeira. Sua história de vida da última encarnação é relatada em capítulo próprio sobre o tema. É espírito simples, direto, alegre, respeitoso, educado, gentil e matreiro, de muito conhecimento das folhas, pois seu pai carnal era babalossaim – sacerdote das folhas consagrado ao Orixá Ossaim –, e ele mesmo o foi posteriormente.

"Meus filhos, é com alegria que posso dirigir algumas palavras escritas através do que vocês chamam de psicografia, ou seria psicodigitação?, pois o médium está sentado escrevendo no teclado do computador. Coisas da modernidade, assim como há muitos "iniciados" formados na frente destas telas coloridas, há outros iniciadores instruindo sem pertencimento às práticas de terreiro continuadas e verdadeiras. É o que vocês chamam de Nova Era e nós, do interior nordestino, povo antigo, entendemos como balaio furado, que não carrega farinha de mandioca até o final da viagem. Assim como a farinha escorre pelos furos e não dá pirão, a falta de prática não preenche o ser no campo do mediunismo.

Nas lides de terreiro, com o som dos maracás, e as fumaçadas das ervas nas esquerdas e direitas, em cima e embaixo das criaturas, cachimbando ao contrário, dançando alegre, vamos fazendo a caridade, trabalhando com afinco, em nome de nosso Senhor Jesus Cristo, dos Encantados, da Ciência da Sagrada Jurema, dos Orixás e Caboclos, fazendo do nosso dia a dia, do lado de cá, pau da Guiné. Quem é iniciado, quem tem prática, quem não é formado só na apostila ou na telinha colorida distante da presença e do suor gerado pela reunião no chão sagrado, sabe o que este nego véio está dizendo.

E vamos tombando na Jurema, que o Caruru* de nosso Sinhô Jesus alimenta nossas almas."

É pau é pau
É da Guiné é da Guiné
É pau é pau
É da Guiné é da Guiné

---

*Caruru: é um cozido de quiabo com camarões secos, azeite de dendê e pimenta. É um prato típico da culinária baiana, originário da África. É utilizado como oferenda ritual do Orixá Xangô nas religiões de matriz africana. Provavelmente, foi trazido para o Brasil pelos escravos de origem iorubana nagô. No capítulo "As cachimbadas e fumaçadas mágicas nas palavras de Pai Juvêncio", ele fala de seu trabalho e conta ao médium escrevente um pouco de seu passado que o ligou à Jurema Sagrada.

A Lei Divina
em ação na lógica da convergência e pensamento de síntese Umbandista

"Vim trazer fogo à terra": desci do alto dos céus e, pelo mistério da Minha encarnação, manifestei-me aos homens para acender no coração humano o fogo do amor divino. "E que quero se não que arda."
(Jo 19,30)

A noção umbandista existente na prática do universo dos terreiros que formula uma "Doutrina de Umbanda" é maleável, permeável e apresenta porosidades com várias tradições, credos, filosofias e religiões diversas, acomodando-se conforme as variadas convergências – sincretismos – existentes e vivenciadas nos diversos rituais. Isso ocorre tanto mais ou tanto menos os sacerdotes da religião, com o "olhar" dos seus Guias Astrais, enfatizam esta ou aquela raiz de origem formadora do facetado Cosmo Doutrinário Umbandista, sob o "semblante" misericordioso de Jesus de braços abertos no alto dos altares, acolhendo a todos como o Cristo Redentor, o nosso Orixá do Manto Branco, Oxalá.

As várias raízes formadoras são todas componentes do Universo, assim como os instrumentos musicais que fazem parte de uma mesma orquestra, cada um com um acorde específico somando na sinfonia final. Essas raízes, nos terreiros sérios e comprometidos com a caridade, são reinterpretadas e, quando confrontadas, não apresentam incoerências, pois os símbolos míticos – significantes – que carregam ganham "novos" significados, todavia mantendo-se o sentido esotérico original: amai-vos uns aos outros, como Jesus nos ama até os dias atuais, conforme enunciado do

Caboclo das Sete Encruzilhadas, quando fundou a Umbanda e descreveu as normas do culto nascente.

Há que se registrar que muitos conflitos ocorrem entre os adeptos umbandistas, cada um puxando a brasa do assado para o seu bolo, em função da profusão excessiva de elementos utilizados nos ritos, que por sua vez não contradizem os fundamentos da religião. O Caboclo das Sete Encruzilhadas elencou a fundamentação básica da Umbanda: não sacrificar animais; não cobrar; usar a roupa branca; ter o evangelho de Jesus como roteiro maior; com os espíritos que souberem mais aprenderemos ensinando os que souberem menos e todos de mãos dadas praticando a caridade. Tudo o mais são elementos de rito que foram se associando gradativamente com o crescimento do número de terreiros, trazendo em seu bojo simbolismos peculiares relacionados com esta ou com aquela outra doutrina de origem diversa, mas que não contradizem os fundamentos mantenedores, em conformidade com o esquematizado no Espaço, aos quais o insigne Caboclo foi o porta-voz entre os homens pelo canal da mediunidade.

Assim, exemplifiquemos que Oxalá Orixá é vibratoriamente símile ao mesmo Cristo-Jesus que está disposto na maioria dos altares umbandistas, sendo o detentor do poder genitor masculino e Co-Criador Divino. Todas as suas representações simbólicas incluem a cor branca. Oxalá faz parte, como elemento fundamental, dos primórdios da Criação Divina, é a "plataforma" do amor de Oludumare – Ser Supremo ou Deus Único – que sustenta a formação de todos os tipos de criaturas no AIYE (Plano Espiritual) e no ORUN (Plano Físico), assim como o amor do Pai tão disseminado por Jesus. O arquétipo de Oxalá é alheio a toda violência, disputas e brigas, pois gosta de ordem, limpeza e pureza. É o grande símbolo da síntese de todas as origens, representando a totalidade, e, consequentemente, reside em todos os seres humanos em natural aptidão espiritual ou em estado latente de potencialidade crística a ser germinada no momento certo da caminhada evolutiva em conformidade com os destinos de cada um entre as reencarnações sucessivas.

No imaginário mítico do panteão nagô iorubano, o Orixá Oxalá é o Oleiro Primordial, responsável pela criação física dos homens: a argila é a mesma para todos, mas o Sopro Divino – Emi – que lhes dá a vida é diferenciado e inigualável a cada assopro de Oludumare – Deus –, moldando o perispírito que anima o corpo físico, explicando a criação sob o aspecto dos renascimentos sucessivos na Terra. No processo de evolução entre as reencarnações, cada criatura gerada pelo Criador desenvolverá, inexoravelmente, consciência de si mesma e suas potencialidades individuais, provenientes do exercício do livre-arbítrio que, cada vez mais, despontará, ocasionando-lhe merecimentos, débitos, disposições, preferências. Enfim, um modo de ser peculiar, fazendo-nos diferentes uns dos outros, mas iguais por termos a mesma origem sagrada.

Sem dúvida, na Umbanda, Jesus foi, é e continuará sendo o maior símbolo dos Atributos Divinos de Oxalá no planeta Terra, significando o próprio aspecto e a irradiação Crística do Deus único. Sendo assim, podemos louvar Oxalá sincretizado em Jesus com os atributos do evangelho e, ao mesmo tempo, utilizar elementos de ritos africanos, que em nada se mudará o fundamento da Umbanda. Cremos que esta lógica de interpretação flexível causa certo espanto às consciências acostumadas com as cartilhas doutrinárias, apostilas e roteiros fixos de preces e irradiações, assim como o peixe de aquário não concebe a imensidão de uma lagoa.

Seguindo com a lógica da convergência e o pensamento de síntese, exemplifiquemos no Orixá Iemanjá, que também é considerado um Orixá dos primórdios da Criação, assim como Oxalá. Quando Oludumare – Deus – encarregou Obatalá, que na mitologia iorubá é o responsável pela criação do Ayê – Terra –, de criar a Terra, lá estava a Grande Mãe, Aspecto ou Irradiação de Deus, para o nosso entendimento como irradiação feminina Geradora

Divina, fornecendo a água para a formação da vida. Então, Iemanjá não é apenas uma figura passiva e materna, é uma matriz energética extremamente poderosa controlando uma série de Atributos Divinos. Iemanjá é a principal conhecedora das profundezas de nossos mentais – no sentido metafísico –, e todos os destinos cármicos têm a sua supervisão, dando-lhe atributos de conhecedora e conservadora da humanidade. Como Mãe Provedora, acolhe e conduz nossas mentes ao renascimento para as coisas do espírito, manifestando-se em anseio latente de compreensão do sentido "oculto" da vida. Como Irradiação do Criador, "domina" o poder das profundezas dos oceanos e suas riquezas e pode naturalmente responder a súplicas às margens de rios e lagos. Quando necessário para o equilíbrio planetário, suas forças se movimentam de forma incrivelmente forte, através de furacões e da agitação descontrolada dos oceanos, sendo uma das energias fundamentais da cosmogonia e gênese espiritual formadora do orbe, pois, sem o elemento aquoso, não teríamos vida na Terra e não seria possível a reencarnação de espíritos que já têm consciência de que existe algo fora de si e de que não somos somente instintos. Tanto que Iemanjá está contida em todos os seres humanos através dos sais das águas marinhas, que são símiles ao suor e às lágrimas em sua composição química. Portanto, cuidemos dos mares, zelemos pela nossa Mãe Divina, pois ela sempre "olhará" por nós com amor e compaixão.

Infelizmente, existe um preconceito intrarreligioso na Umbanda, referente à sua origem africana, num senso de superioridade e purismos dispensável neste momento da consciência planetária. Muitos confundem elementos com fundamentos da religião, e partem para a exclusão do outro, sentindo-se superiores, contrariando a essência da Umbanda, que é exatamente o contrário, de plena inclusão. Não contrariamos os fundamentos da Umbanda exarados pelo Caboclo das Sete Encruzilhadas, ao mantermos como elementos de rito as imagens africanas dos Orixás nos congás, sem sincretismos com os santos católicos.

Preconceito e rótulos religiosos

Para que todos sejam um, Pai, como Tu estás em mim e Eu em Ti. Que eles também estejam em nós... (João 17:21).

Independente dos rótulos religiosos que nos atribuímos reciprocamente, por ainda não entendermos a magnitude da Criação Divina, Deus é um só e d'Ele provém a fonte única mantenedora do Universo. As religiões, credos, doutrinas e cultos são formas peculiares que se somam na grande colcha de retalhos de compreensão das consciências imersas na coletividade planetária. Na maioria das vezes, olhamos o galho da árvore que abriga a nossa fé e religião e não enxergamos a floresta da religação com o Deus de todos nós.

A lógica da convergência e do pensamento de síntese objetiva uma visão panorâmica de todas as religiões, absorvendo seus pontos em comum, e é força propulsora do universalismo crístico vivenciado nos terreiros umbandistas. Com os anos vivenciados nesta Umbanda de todos nós, acabamos entendendo que a sua essência é o amor ardente como fogo em nossos espíritos, sendo esse o modo de ser dos seus adeptos, forjado numa cultura de inclusão eclética, crística e universal, que não se prende às diferenças de elementos rituais utilizados aqui ou acolá.

Infelizmente, temos ainda muito preconceito entre os espiritualistas da atualidade contra tudo que vem da raça negra. Olhando os livros sagrados, a Bíblia ainda é a principal referência mundial. Notadamente, se focamos no Evangelho de Jesus, não encontramos nenhuma alusão à cor da pele ser pré-requisito para entrarmos no Reino de Deus. No imaginário popular, tudo que é preto ou negro deve ser ruim – regiões trevosas, sombras, magia negra, magos negros, escuridão, zonas de sofrimento, tudo escuro, fruto das mentes reunidas na coletividade humana que plasmam essas habitações astrais pelo poder criador da união de pensamentos negativos.

A palavra de Jesus no Evangelho é a valorização do coração, do ser interior em detrimento do exterior. Há algumas passagens em que a nacionalidade é citada, porém não com intento de fazer desse fato uma definição de caráter ou personalidade. São os sentimentos nobres os determinantes das almas excelsas. As diferenciações físicas entre os seres humanos são imensas, porém a ciência comprovou, através do Projeto Genoma, que, mesmo com essas diferenças, a espécie humana é única. Assim, não importa se sua pele é negra, branca, parda; se seus olhos são arredondados ou puxados; se seus cabelos são lisos, crespos, pretos ou loiros – todos nós fazemos parte da mesma espécie, fomos criados do mesmo sopro, somos filhos do mesmo Cristo-Oxalá.

Assim como todas as estrelas no Cosmo são diferentes entre si em luminosidade, todas são mantidas por uma única fonte de luz, que é Deus. Da mesma forma como o que está em cima está embaixo, a espécie humana é única, apesar de tantas cores de pele, de olhos ou de cabelos. Deus criou o Universo colorido e ama sua criação! O que o projeto Genoma concluiu, após anos de pesquisa, já está escrito na Bíblia:

E de um só sangue fez toda a geração dos homens, para habitar sobre toda a face da Terra, determinando os tempos já dantes ordenados, e os limites da sua habitação. Atos 17:26.

Fato inquestionável é que de uma só Fonte Universal todos os espíritos foram criados.

Os anos de vivência na mediunidade de terreiro, nas lides de Umbanda, deveriam nos levar a amar sem distinção. Aliás, o amor em si é essa perfeição em que não cabe separação por cores ou qualquer outro tipo de classificação, pois o amor verdadeiro é incondicional, não julga, não exige que outro seja do jeito que almejamos, ao nosso agrado, pelos valores que achamos certos ou verdadeiros.

Diante de tudo que colocamos, podemos arriscar a definir a intolerância religiosa como sendo uma atitude mental cristalizada, nascida da incapacidade ou ausência de vontade, muitas vezes por desconhecimento, de reconhecer e respeitar as diferenças de crenças ou de fé dos outros. Quantas vezes já escutei falar de conflitos em encontros de fins de semana entre familiares, em escolas ou reuniões sociais, por haver um ou mais participantes de outras confissões religiosas que não aceitam a opção pela Umbanda de algum interlocutor presente. Mas há algo que frequentemente ignoramos: como reconhecer e lidar com a nossa própria intolerância?

Sim, bem alto afirmamos que entre os próprios "umbandistas" e simpatizantes da Umbanda existe um segmento significativo que tem preconceito com tudo que remete à África, como símbolo de primitivismo tribal ultrapassado, menosprezando-se uma diversa e rica cultura milenar com muitos ensinamentos espirituais, tradições que podem ser reinterpretadas em uma saudável convergência para a nossa espiritualização, juntamente com outras vertentes de conhecimento universal.

Infelizmente, também no meio da Umbanda a intolerância dos homens existe, e alguns, por vezes muitos, caem na armadilha de sentirem-se superiores, melhores e detentores da verdade doutrinária, o que é uma grande ilusão, pois o que importa verdadeiramente é a essência do servir na Umbanda: amor, doação incondicional e caridade, respeitando-se a diversidade ritual inserida nos fundamentos da religião deixados pelo Caboclo das Sete Encruzilhadas.

Reflitamos que, se não temos este amor em nós, estamos na Umbanda, mas não somos umbandistas de fato. Esta é a essência, o ponto focal, da ação da Magia da Divina Luz – Umbanda – em nossos espíritos: despertarmo-nos para o amor incondicional e seus atributos de compaixão e misericórdia. Umbanda é Lei Divina em ação, como espada sobre nossas frontes, que pode nos libertar e livrar-nos de nós mesmos, por nossas quedas em antigas disposições, que nos recusamos a superar, matando o velho para o novo nascer, ou por "voltarem-se contra nós", aprisionando-nos ainda mais nas faixas inferiores da criação.

Devemos estudar e, nos terreiros, atuar com ética e amor, com fundamentos morais embasados no respeito ao próximo. Assim, trabalharemos com as Vozes e com as Luzes de Aruanda. Chegará o dia em que a fraternidade será ampla e extrapolará os estreitos rótulos religiosos terrenos. Que Oxalá nos una e nos fortaleça cada vez mais nesta matéria transitória, dado o tão pouco tempo que temos ainda para ficar aqui. E quando voltarmos para o lado de lá, possamos ter o direito conquistado de bater a cabeça aos amados Guias de Umbanda que amorosamente nos assistem.

Afinal, para quem ainda não se deu conta e se disfarça de umbandista, afirmamos que a Umbanda é coisa séria para gente séria, é Lei de Ação e Reação se movimentando intensamente para a nossa retificação cármica. Ao menos enquanto nos é permitido continuar na Terra; e se falharmos, o que nos espera é bem inferior ao tão judiado planetinha azul.

Esta questão do preconceito e dos rótulos religiosos é uma importante reflexão que sempre deve ser feita, especialmente pelos médiuns umbandistas, já que a Umbanda é uma religião de inclusão, abrangendo entidades de várias procedências espiritualistas e culturas diversas ao longo de várias encarnações terrenas. Chego a constatar, como umbandista, que, não obstante a Umbanda ser "de todos nós", existem companheiros de jornada que tratam com apego e posse não somente a "Senhora Luz Velada" e os codificadores, "mestres" iluminados reveladores divinos da religião, mas também os próprios espíritos com os quais trabalham e os trabalhos mediúnicos de que participam, como se deles fossem detentores.

Esquecem-se de que o espírito é livre e sopra aonde quer, e que os espíritos guias e protetores, cujos potenciais anímicos são amplamente desenvolvidos, desejam, sobretudo, que caminhemos com nossas próprias pernas, que humildemente demos os passos tirando o luzeiro de debaixo da cama de nosso comodismo, para que as forças divinas possam atuar em favor e através de nós, e daí a favor dos outros irmãos de senda evolutiva.

Creio que a simplicidade da Umbanda está em ser o que se é e em lidar com a mediunidade de maneira natural, não extraordinária, deixando os amigos espirituais que nos acompanham em paz, pois eles sabem nossas trajetórias muito melhor do que nós quando precisamos do auxílio deles, para que com alegria possamos fazer a Umbanda crescer, e da mesma forma compreender que as outras religiões também evoluem. Lembremos que o objetivo último é a evolução do próprio ser, independentemente de correntes espiritualistas, doutrinas, religiões, crenças ou cultos particularizados na humanidade, localizados aqui ou ali na geografia do orbe, muitos presos no passado e paralisados no tempo!

Obviamente, há que se refletir que não só os umbandistas, seres humanos imperfeitos como todos nós, tratam com apego e posse a religião e os espíritos com os quais trabalham como se fossem deles detentores: ali, o pastor evangélico neopentecostalista é proprietário do espírito santo; lá, o católico é dono de Jesus e da sua igreja; aqui, é o espírita mais evoluído com a última revelação que passivamente exige que os espíritos tudo façam; acolá, o detentor do axé do Orixá... A verdade é que a verdade está dentro de cada um e Deus está nela, assim como em todos que são suas criações. Somos todos um!

O "núcleo duro" da Umbanda

> *Ele não está aqui; ressuscitou, como tinha dito. Venham ver o lugar onde Ele jazia. Vão depressa e digam aos discípulos Dele: Ele ressuscitou dentre os mortos e está indo adiante de vocês para a Galileia. Lá vocês o verão. Notem que eu já os avisei.* (Mateus 28:6-7)

O nde se assentam solidamente as diretrizes essenciais da religião e qual é o "núcleo duro" da Umbanda? Reflitamos que o sistema de normas reguladoras de um culto, escrito ou não, está amparado em valores que serviram de suporte no processo de sua estruturação fundante e apresenta variáveis periféricas, conforme o momento histórico em que se situa.

Temos o núcleo duro do Evangelho na ressurreição de Jesus, que assim anunciou para a humanidade que a vida continuava para além dos sentidos da existência limitada e comum de uma encarnação. Esses valores são solidificados, como se fossem "cláusulas pétreas", nas diversas formas de expressão das religiões cristãs.

Ao nosso humilde ver, a manifestação do Caboclo das Sete Encruzilhadas, no médium Zélio Fernandino de Moraes, deixou-nos os conteúdos "normativos" essenciais do culto nascente à época, para que, com o tempo, a Umbanda não perca a sua identidade básica fundamental, cautelosamente a "protegendo" contra as tentações dos seus reformadores de plantão.

Há que se registrar que o conjunto de princípios estruturais da Umbanda, quando de sua fundação e anunciação pelo Caboclo das Sete Encruzilhadas, baseia-se na seguinte premissa básica essencial e intangível, mas indispensável a toda comunidade que realmente é Umbanda instituída: "a prática da caridade, no sentido do amor fraterno, será a característica principal deste culto, que tem base no Evangelho de Jesus e como Mestre Supremo, Cristo".

Nesse contexto, são tangíveis os princípios estruturais gerais da religião, alicerçados no primeiro culto dirigido pelo Caboclo das Sete Encruzilhadas, com as seguintes diretrizes normativas, seu "núcleo duro": horários definidos de início e término da sessão; participantes uniformizados com roupa branca; atendimentos gratuitos; sem sacrifício de animais ou utilização de imolação com derramamento de sangue; o nome do movimento religioso seria Umbanda e significaria "a manifestação do espírito para a caridade".

O processo de reinserção na consciência coletiva de conhecimentos milenares que estavam deturpados, por interferência mesquinha dos homens ao longo da construção histórica das religiões de matrizes judaico-cristãs, ameríndias e africanas, é a mola basilar que impulsionou a criação da Umbanda no Plano Espiritual, e do lado de lá para o Brasil. O Caboclo das Sete Encruzilhadas foi a entidade espiritual escolhida para ser o mensageiro da Divina Luz nas terras do Cruzeiro Divino.

Como pano de fundo da colcha de retalhos ou mescla dessas raízes formadoras e de todas as demais influências que a Umbanda incorporaria com o tempo, ritualizando no entorno do seu "núcleo duro" nos milhares de terreiros existentes, está a célebre essência do Evangelho do Cristo Consolador, Misericordioso e de Compaixão, vivenciada por Jesus em plenitude, antes da absorção do Cristianismo Primitivo como religião apostolar romana e, consequentemente, dos complexos profundos de culpa impostos pelo judaísmo, uma clara distorção do pensamento cristão inicial, que intrinsecamente não preconizava as punições culposas – penas eternas e inferno – como posteriormente acabou acontecendo.

Por outro lado, o desvio na aplicação da magia africana e indígena, quando de seu contato com o interesse venal dos homens brancos judaico-cristãos, movidos pelo "olho por olho, dente por dente" da lei mosaica, redundou em sério carma planetário, pela escravização "legitimada" pela catequização da África e dos índios, afinal, negros e índios não tinham almas. Como nada na Lei Divina acontece por injustiça, ferrenhos inquisidores encarnaram como africanos e indígenas, e acabaram sofrendo aquilo que fizeram os outros sofrerem ao afastarem-se da vivência no amor ao próximo que o Evangelho ensina.

Neste caldeamento, a Umbanda vai acolhendo no Brasil um profundo plano de reequilíbrio cármico com as Leis Cósmicas e nos impulsiona a mantermos vivo o amor fraternal nas diferenças, dando-nos as mãos numa saudável fraternidade, aprendendo com os que souberem mais, ensinando os que souberem menos, e todos em nome do Cristo evoluindo e aprendendo a manifestar o espírito para a caridade.

A aparente ambiguidade de Exu cantada nos terreiros

> *Então começou ele a praguejar e a jurar, dizendo: Não conheço esse homem. E imediatamente o galo cantou. Então Pedro se lembrou das palavras que Jesus lhe dissera: Antes que o galo cante, três vezes me negarás.* (Mateus 26: 74–75)

No imaginário popular, é notória a ideia de que Exu é ambíguo. Aliás, não é incomum encontrarmos pontos cantados e provérbios ratificando isso. Mas até que ponto a influência desses cânticos e aforismos consagrados no senso comum é corretamente interpretada?

Comecemos com a ambiguidade de Pedro, que amava o mestre mas o negou por três vezes. Ela é emblemática e simboliza a nossa hesitação diária frente à internalização do Evangelho, pois rejeitamos seus ensinamentos morais diariamente. Jesus o advertiu, antevendo os caminhos que Pedro iria percorrer negando-o. Não é diferente nossa ambiguidade existencial, projetada pelo nosso imaginário para a vibração de Exu, que é a Lei Cósmica Retificadora, nos fazendo caminhar o nosso destino planejado antes de reencarnarmos. Exteriorizamos o caráter duvidoso (nosso lado sombra) de nossos comportamentos equivocados que almejam as portas largas das facilidades, sendo visível nos pontos cantados de Exu nos terreiros, que são descritivos da atuação atemporal – entre as reencarnações sucessivas – do movimento "organizador" e "desorganizador" da Lei de Causa e Efeito.

Ocorre que, quando tentamos "organizar" as coisas com egoísmo – olhando os nossos interesses particulares, julgando o outro, sentenciando como deve agir, o que é imperfeito ou perfeito, impondo padrões de conduta dentro daquilo que nos agrada –, acabamos desorganizando o equilíbrio da "teia" que nos liga uns aos outros, por arbitrarmos valores de conduta como se fôssemos juízes, desrespeitando a Lei Divina. Neste sentido, Exu é a vibração do Criador, que é o reflexo da Ação e Reação Cósmica – numa linha de retificação cármica, "doa a quem doer", colocando as coisas nos devidos lugares, pois não se prende a julgamentos advindos de interesses humanos e de senso moral de uma religião, doutrina, teologia, culto ou época particularizada. Até, finalmente, alcançarmos certo estágio de evolução, em que ninguém ficará devendo nada a ninguém e não teremos credores batendo em nossas portas. Assim, para isso, Exu nos conduz no tempo em que ficamos na matéria e no vento, que é um mero suspiro de uma encarnação.

Observamos que muitos pontos cantados são originários dos tradicionais provérbios em forma de rezas ou cantigas dos antigos africanos que lapidaram os pretos velhos nas senzalas, mantendo fortes resquícios da cosmogonia nagô iorubana. Assim, encontramos alguns ditados que são emblemáticos quanto à aparente ambiguidade de Exu e que, sem dúvida, influenciaram e influenciam o imaginário popular das práticas mágicas.

Há de se registrar que Exu se popularizou de tal forma no Brasil, "demonizado" pelas seitas midiáticas, que a bem da verdade hoje podemos afirmar que Exu criou independência de qualquer religião, transformando-se, em muitos casos, em ferramenta da mais nefasta magia negativa, de trabalhos pagos e trocas com o além-túmulo, que nada têm a ver com a Umbanda ou com a origem africana do Exu iorubá.

Tentaremos interpretar, numa visão esotérica mais profunda, à luz das leis cósmicas universais, certos provérbios contidos em rezas ou cantigas de terreiro.

Ele está de pé na entrada, em cima da dobradiça da porta.
A porta abre e fecha. Simbolicamente, Exu domina a dobradiça e tem a chave de quem entra e sai. Nem sempre onde queremos entrar ou chegar Exu irá permitir, pois não é de nosso merecimento. É a vibração do Senhor dos Caminhos, que "sabe" onde temos direito de ir e andar. Quantos pensam que, após a morte, entrarão no Céu dos católicos, no Nosso Lar dos espíritas ou na Aruanda dos umbandistas, e se surpreendem enormemente ao chegarem do lado de lá e as portas estarem fechadas.

Não por acaso, em algumas regiões do Brasil, Exu é sincretizado com São Pedro, o "santo" que teria a chave da porta do Paraíso, especificamente com Bará Lodê – no Batuque gaúcho. Estudemos cada vez mais, assim diminuindo o preconceito às religiões de matriz africana e à Umbanda.

Quando ele vai para a plantação de amendoim, encontra o quiabeiro.
Nem sempre vamos colher o que estamos plantando, se o efeito não é gerado por uma causa justa. Podemos almejar riquezas e conseguirmos, mas se não tivermos uma boa cabeça com bons pensamentos, não exercitarmos ações de bom caráter ao darmos os passos em nossas vidas, no caminho jogando sementes de discórdia, desonestidade, abusos, exploração etc., certamente não colheremos o que desejávamos – encontraremos quiabo em vez de amendoim. O recado simbólico do provérbio é que, muitas vezes, a desavença familiar, a disputa entre sócios, as quizilas, a concorrência desleal, a desonestidade, as intrigas, as traições, as disputas

e os processos jurídicos "injustos" contra terceiros fazem até mesmo grandes impérios caírem, e por si não são sinônimos daquilo que almejávamos, nos decepcionando, pobres "vítimas" ao final de uma vida, como se fôssemos inocentes e não soubéssemos o que aconteceu.

Se ele se zanga, senta-se na pele de uma formiga.

Ao contrariarmos a Lei Divina, nada será impossível ao Criador para nos colocar de volta no trilho do caminho e do destino que é nosso de direito. A *zanga* é no sentido simbólico de que algo está errado, e não de punição. Sentar-se na pele de uma formiga nos diz que o plano tridimensional em que vivemos esconde verdades metafísicas que, se não compreendermos melhor, poderemos sofrer um efeito de retorno que aparentemente é ingrato: "Como pode ter acontecido logo comigo?". Muitas vezes, no meio da vida física, muitas pessoas sofrem de câncer ou de alguma doença degenerativa que se "assenta" no organismo físico e as causas geradoras são pretéritas à atual existência, fruto de nossos abusos no campo dos vícios.

Ele vai ao mercado e traz azeite numa peneira.

Não raro, nosso senso nos diz que o que é certo é errado, e o que é errado é certo, pois julgamos baseados em valores, crenças e preconceitos adquiridos que não são condizentes com a verdade da Lei de Reencarnação. Quando não acreditamos em nossas potencialidades por não conseguirmos enxergar nossos talentos internos, deixamos de ir ao mercado da vida, local onde trocamos talentos uns com os outros, cortando o destino programado de abundância e prosperidade – o que não significa riqueza material –, deixando o "azeite" escorrer pela peneira. O óleo de oliveira é valioso, e nas religiões primevas, simbolicamente, quando alguém era ungido na cabeça, significava a presença de Deus. O corpo físico é a peneira que deixa vazar o Cristo Interno para as superficialidades da vida ilusória, e pela nossa descrença não retém a programação cármica para a qual fomos preparados antes de nascer. Não temos fé em nossas capacidades e dons internos, por absoluta falta de autoconhecimento crístico, assim nos determinando diretrizes psíquicas que nos tornam impossíveis às realizações do espírito numa encarnação.

Ele amarra uma pedra na carga de alguém que tem o fardo leve e tira a mesma pedra de alguém que tem o fardo pesado.
Ao nosso olhar estreito, quando Exu coloca uma pedra em nosso fardo, parece uma injustiça, mas é a retificação com nossos credores ocultos e, por vezes, nem tão desconhecidos. Lamentavelmente, hoje a rede mundial de computadores está cheia de sites com trabalhos em nome de falsos "Exus" para prejudicar e fazer mal aos outros. A intenção de tornar o fardo do outro mais pesado, seja desejando-lhe simplesmente o mal, vibrando inveja, ciúme ou cobiça, aciona o mecanismo da lei de retorno, e o nosso fardo, que era inicialmente leve, torna-se pesado, pelas afinidades nefastas que atraímos. Neste sentido, os verdadeiros Exus não são condescendentes com ninguém e efetivamente tiram e colocam as pedras em nossos fardos, dentro da lei de justiça universal, doa a quem doer.

Tendo lançado uma pedra ontem, ele acerta um pássaro hoje.
Aqui é descrita a atuação atemporal de Exu, que nos "cobra" agora, como agente aplicador da Lei, o que fizemos ontem numa existência, e se não for possível uma vida melhor na presente encarnação, que seja no futuro, que a Deus pertence. Quantas vezes "cai uma pedra" em nossas cabeças e não sabemos os motivos, lamuriando-nos frente aos obstáculos da vida? E na maioria das vezes esquecemos facilmente o que de ruim fazemos aos outros,

nesta encarnação, e que estamos enredados em finas cordas invisíveis, que vibram conforme as movimentamos independentemente da noção maniqueísta de bem ou mal.

Ele faz o torto endireitar e o direito entortar.
Mais uma vez, a "ambiguidade" de Exu é só aparente. Um "torto" de consciência endireita-se numa reencarnação, ao mesmo tempo que um que "desceu" com direitos para o corpo físico se entorta e volta com débitos. Tal é a Lei Divina, em sua impessoalidade, equânime a todos pelo amor do Criador, que estabelece o livre-arbítrio e a liberdade de semeadura, e lá está Exu executando-a e retificando-nos a colheita obrigatória, nos catapultando inexoravelmente à evolução, como "tridente" nos espetando para a frente entre as "labaredas" da existência carnal.

Agachado, com sua cabeça ele alcança o teto da casa. Em pé, ele não é suficientemente alto para alcançar o teto.
Quando levantamos a cabeça orgulhosamente, sem olhar quem está abaixo de nós, pisando nos direitos individuais do outro em favor de nossos "direitos", não alcançamos nossos objetivos existenciais numa reencarnação. Ao contrário, quando temos humildade e respeitamos fraternalmente nossos companheiros de jornada evolutiva, podemos alcançar o teto da realização cármica numa presente existência carnal.

A reflexão sobre Exu que propomos, livre de fetichismos aviltantes, cultos exteriores, milagres salvacionistas e barganhas com espíritos, em verdade é pensar em nós mesmos, em nossas condutas e modo de ser. Respeitemo-nos dentro das Leis Cósmicas e, acima de nós, tenhamos profundo respeito pelos executores da Lei Divina em Ação, os senhores Exus.

Quanto à irradiação ou vibração sagrada Exu, ela é a responsável por levar e trazer, abrir e fechar, conduzir, movimentar toda e qualquer energia, fluido, axé ou prana, entre as diversas dimensões ou planos vibratórios, "céus" ou "oruns", como queiram denominar essas outras esferas existenciais. Sem o aspecto sagrado Exu, o Universo seria estático; tudo parado, inerte, e não teríamos evolução.

Quando fazemos uma oração a uma divindade, santo, guia ou benfeitor espiritual, utilizando nosso pensamento associado à vontade, o movimento quem dá é Exu, seja que nome for dado a ele, incondicionalmente se o conhecemos assim ou não, pois sua atuação independe de sabermos de sua existência e de nossa aceitação ou recusa, de crença ou de fé, pois é uma realidade irmanada de Deus na organização do Cosmo.

Concluindo este capítulo, lembremos que estamos todos inseridos na roda das reencarnações, ora aqui, ora do lado de lá. Os mitos, lendas e tradições, crenças e cultos diversos, ao longo da história, devem ser continuamente reinterpretados, dentro de uma lógica do momento presente que vivemos: inclusiva, racional e verdadeira, prevalecendo sempre a essência da Umbanda, o seu "núcleo duro" e central – a manifestação do espírito para a caridade.

Exus do Lodo: entendam o trabalho deles!

Tendo dito isso, Jesus cuspiu na terra, e com a saliva fez lodo, e untou com o lodo os olhos do cego. E disse-lhe: Vai, lava-te no tanque de Siloé (que significa o Enviado). Foi, pois, e lavou-se, e voltou vendo. (João, 9:6-7).

Um exemplo de Exu entidade, que pode ser citado e tem para os zelosos das doutrinas puras um nome polêmico, são os denominados Exus do Lodo.

Energeticamente, os espíritos comprometidos com o tipo de trabalho que chancela esse nome atuam entre dois elementos planetários: terra e água.

Se misturarmos um pouco de terra com água, teremos lama, lodo.

Essas entidades agem segundo o princípio universal de que semelhante "cura" semelhante: transmutam miasmas, vibriões etéreos, larvas astrais, formas-pensamentos pegajosos, pútridos, viscosos e lamacentos, entre outras egrégoras "pesadas" de bruxarias e feitiçarias do baixo astral, que se formam nos campos psíquicos (aura) de cada consulente, em suas residências e em seus locais de trabalho, desintegrando verdadeiros lodaçais energéticos, remetendo-os a locais da natureza do orbe que entrecruzam vibratoriamente a terra e a água: beira de rios e lagos, encostas de açudes, entre outros que têm lama e lodo.

Por isso, explica-se o ato ritualístico em alguns terreiros de jogar um copo de água na terra (solo) para fixar a vibração magnética da entidade no momento da sua manifestação mediúnica (elemento que serve de apoio para a imantação vibratória das energias peculiares à magia trabalhada).

A serventia
das encruzilhadas

E, se querem saber o meu nome, que seja este: Caboclo das Sete Encruzilhadas, porque não haverá caminhos fechados para mim.

Assim se identificou o espírito com a missão de fundar a Umbanda, através do médium Zélio Fernandino de Moraes, em 1908, numa sessão de mesa num centro espírita de Niterói/RJ.

Quem de nós nunca viu um "despacho", o famoso "bozó" ou trabalho feito em uma encruzilhada de rua? Muitos pensam que isso é coisa de "Exu". Sem dúvida, Exu está ligado aos entrecruzamentos dos caminhos, mas são caminhos metafísicos, relacionados aos destinos individuais e coletivos.

O simbolismo da encruzilhada, e consequentemente da cruz, está presente em muitas religiões, sendo universal. O Mestre Jesus enalteceu e ao mesmo tempo popularizou a imagem da cruz, caminhando ao seu encontro, carregando-a e sacrificando-se pela humanidade, momento em que culminou a vivência do seu destino naquela encarnação (programa de vida como ser humano) que contemplava o seu calvário missionário redentor, objetivando nos deixar o sublime e libertador evangelho.

A cruz, com seus quatro "braços", que apontam para os quatro pontos cardeais, é símbolo de orientação no espaço, para que a jornada humana não seja perdida. O ponto de cruzamento entre a vertical e a horizontal simbolicamente significa o estágio da consciência que venceu a ilusão da matéria e começa a galgar outros níveis de compreensão espiritual, coisa que Jesus já tinha feito há muito tempo antes de sua reencarnação terrena.

A encruzilhada, portanto, é um lugar de encontro, um momento de mudança de rumo, que leva a outro estágio espiritual ou, simplesmente, de uma situação existencial a outra. A vida nos coloca sempre em encruzilhadas, onde somos obrigados a escolher que atitude tomar, por isso se diz que é nas encruzilhadas que se encontra a construção dos nossos destinos. Assim, as encruzilhadas, isto é, os cruzamentos de caminhos, são espaços sagrados decorrentes do plano de vida de cada criatura, daí a responsabilidade e o respeito que se deve ter ao passarmos por qualquer uma delas.

O hábito, arraigado no meio urbano, de se depositar ou se arriar oferendas para determinadas "entidades", fruto das práticas mágicas populares, com o objetivo de se conseguir um amor, dinheiro, imóveis, negócios, a popular "abertura de caminhos" etc., é realizado se aproveitando da "inocência" das pessoas que, sem o conhecimento devido, não sabem que o que for conquistado dessa forma será passageiro, transitório, fugaz, assim como em latim a palavra encruzilhada é conhecida como *trivium*, significando aquilo que é trivial, que é efêmero.

Outro aspecto preocupante é o tipo de espírito que é atraído para uma oferenda com carne ou animais sacrificados, que ficam expostos em putrefação. São entidades dominadas por outras, calejadas nos entrecruzamentos do "embaixo", que são os submundos umbralinos, e que acham que ainda estão vivas num corpo de carne, e sentem fome, sede, libido, necessidades fisiológicas como urinar e defecar, como se fossem humanos. São serventia dos piores tipos de obsessores, os ditos "senhores das encruzas" do astral inferior, que comandam verdadeiras hordas hipnotizadas, em que, não raro, um ou outro escapa, se vinculando ao ofertante, e passa a morar com ele, na sua casa, no seu trabalho, sentindo as suas sensações, literalmente colado em sua aura. São os quiumbas – espíritos de nenhuma envergadura moral, de sentimentos endurecidos e intenções maldosas, habitantes do baixo umbral, contumazes obsessores dos encarnados mais baixos da escala –, os famosos "rabos de encruza", que o Exu Guardião da Umbanda confronta diretamente quando atua nos entrecruzamentos vibratórios mundanos que têm sua contrapartida terrena nas encruzilhadas urbanas, que são pontos de entrega desse tipo de oferenda.

Em verdade, as encruzilhadas são escoadouros etéreo-astrais naturais, onde os Exus Guardiões da Umbanda descarregam vibrações, no sentido de "desmanchar" e "decantar" certas energias enfermiças, que a Engira de passes e aconselhamentos no terreiro conseguiu transmutar em energias saudáveis no campo psíquico de cada consulente atendido, obviamente em conformidade com o seu merecimento, para depois serem devolvidas aos pontos de força da natureza, em conformidade com a afinidade de cada vibração movimentada: ar, água, fogo, terra...

Há de se considerar que na Umbanda, diferentemente de outras formas de mediunismo mentalista, exige-se um preparo no manejo de fluidos – energias etéricas – que não podem ficar parados no espaço interno do terreiro, sob pena de alterar os pontos de forças de imantação dos Orixás, como são seus assentamentos vibratórios e o próprio congá. Além do que, a sutileza do perispírito dos Guias Astrais, caboclos e pretos velhos, é naturalmente antagonista a este tipo de vibração densa, e se ficar algum resíduo, provavelmente teremos quebras de corrente ou instabilidades nas incorporações mediúnicas. Não por acaso, a cada sessão pública de caridade, o zelador ou chefe de terreiro refaz as firmezas energéticas, trocando os elementos e consagrando novamente os campos de forças através de palavras propícias para o encantamento.

As encruzilhadas são lugares simbólicos de reflexão para a escolha dos caminhos que temos de seguir, mas também são lugares naturais, de intenso fluxo de pensamentos profanos, que têm serventia magística para que os Exus, que atuam sob a égide da Lei de Umbanda, se desvencilhem das negatividades por nós criadas ou atraídas em determinadas situações de nossas vidas: doenças, obsessões, enfeitiçamentos, mau-olhado, quebranto ou inveja.

Outro aspecto profundo e, infelizmente, ainda oculto e mal compreendido referente às encruzilhadas é o equívoco de só associarem-nas aos cruzamentos urbanos. Em verdade, as encruzilhadas são realmente uma representação simbólica de algo muito maior, os entrecruzamentos vibratórios dos próprios Orixás e a atuação dos mesmos de acordo com o merecimento, o momento existencial e o livre-arbítrio de cada um de nós. Se os Orixás são vários e ligados aos elementos planetários e aos pontos de forças da natureza, seus correspondentes entrecruzamentos etéreo-astrais representam um universo abundante e de infinitas possibilidades para todos.

Quando o Caboclo das Sete Encruzilhadas disse que para ele não haveria caminhos fechados, e quando Ramatís nos orienta que as potencialidades de Deus dormitam em nós e reforça o convite de Jesus para fazermos brilhar a nossa Luz, vemos como a Umbanda é uma religião próspera e como ela nos convida a assumir essa abundância em nós! Em cada local criado por Olurúm que se expressa em nossa natureza planetária, há contrapartidas energéticas que se entrecruzam num manancial de fluidos em movimentos inimagináveis a olho nu.

Certa feita, durante o sono físico, um espírito Exu feminino se apresentou com o nome Bombogira das Águas, dizendo-me que estaria ali para fazer um trabalho bioenergético com as pessoas que haviam sido atendidas horas antes no terreiro, por sua vez também desdobradas*. Tais consulentes foram conduzidos por esse espírito

---

*Desdobramento espiritual: é o nome que se dá ao fenômeno de exteriorização do corpo espiritual ou perispírito, também chamado Corpo Astral. O perispírito ainda está ligado ao corpo físico pelo duplo etéreo, e distancia-se dos mesmos, fazendo agora parte do mundo espiritual ou Plano Astral, ainda que esteja ligado ao corpo por fios fluídicos e pelo cordão de prata; fenômenos estes naturais, que repousam sobre as propriedades do perispírito.

a um sítio vibratório, a um rio que se forma da queda de uma cachoeira, e me vi incorporado pela entidade em desdobramento astral, estando o meu Corpo Astral fora do corpo físico tomado pela Bombogira, num perfeito acoplamento áurico entre ambos. Nessa experiência, escutava as cantorias de louvação a Oxum com os toques dos atabaques; a entidade dançava por cima das águas e rodava sua saia, e dela saíam raios iridescentes, formando redemoinhos coloridos sobre a superfície do rio. Os consulentes, também desdobrados durante o sono físico, passavam pelo meio deste imenso vórtice energético, saindo mais "luminosos" (antes estavam pardacentos), com suas cores astrais mais vivas e, ao mesmo tempo, uma água preta escorria rio abaixo, encaminhando-se lentamente para as margens, onde se localizam as lamas decantadoras de nanã.

Refletindo sobre as encruzilhadas, creio realmente que sejam uma representação simbólica de algo muito maior, os entrecruzamentos vibratórios dos próprios Orixás e a atuação dos falangeiros de acordo com o merecimento, o momento existencial e o livre-arbítrio de cada um de nós. Se Orixás existem aos vários, seus entrecruzamentos representam um universo abundante e de "infinitas" possibilidades para todos. Vejo como a Umbanda é uma religião de profundos fundamentos e como ela nos convida a assumir um processo interno de espiritualização, gerando prosperidade e abundância em nós, tornando nossos passos mais firmes nas encruzilhadas da vida que perpassam o destino a que somos guindados; inevitavelmente, da ameba ao homem, do homem ao anjo e, finalmente, do anjo ao arcanjo! Afinal, todos nós somos viventes no oceano cósmico dos Orixás, irradiações divinas.

MOJUBÁ SENHOR DOS CAMINHOS.
LAROIÊ EXU.
SALVE, SALVE.

O encantamento das folhas para a dinamização etéreo-astral dos fluidos vegetais

Posso todas as coisas naquele que me fortalece. (Paulo de Tarso)

A ntigamente, quando se macerava as folhas usadas para lavar a cabeça ou para banhos diversos, praticávamos mais o hábito de cantar. Dependendo da folha, era entoado um determinado cântico. Mesmo o ritual do amaci – lavagem de cabeça –, dito tradicional por conservar um método que se repete e se mantém inalterado no tempo, já não é tão idêntico como os do passado. Vivemos um tempo difícil, de "ausência" de tempo, rotina de correria e muita pressa. Impossível determinar, com precisão, a época em que os médiuns umbandistas tinham mais tempo, inclusive para se reunirem calmamente e cantarem macerando as folhas litúrgicas.

Certos rituais peculiares à vida religiosa de uma comunidade de axé, o terreiro de Umbanda, deveriam ser mantidos e "imunizados" contra as mudanças ou adaptações que os descaracterizam e enfraquecem. A tradição aprendida e vivenciada com os mais antigos, antepassados e ancestrais pelo canal da mediunidade, é roteiro seguro que fundamenta e mantém a força magística etéreo-astral vitalizadora dos elementos ritualizados e, consequentemente, dos adeptos que se associam ao agrupamento religioso.

A diferença entre costume e tradição pode ser perfeitamente ajustada à ideia de rito religioso. O costume nas sociedades tradicionais não impede as inovações, ao contrário de muitos costumes

– não todos – nas sociedades religiosas, que estão relacionados aos sistemas de crenças afro-ameríndias, em que os espíritos ancestrais são cultuados e o passado histórico está no presente dos ritos vivenciados, explícito nos mitos, lendas, cantigas e provérbios que, por sua vez, os legitimam. Obviamente, os usos e costumes religiosos na Umbanda variam segundo a origem dos terreiros, onde seus dirigentes fundadores trazem uma bagagem iniciática própria de cada terreiro em que vivenciaram seu aprendizado e formação sacerdotal mediúnica. Sem dúvida, foram anos de convivência em comunidade e muitos processos vivenciais catárticos com os guias espirituais para adquirirem conhecimentos sólidos sobre os Orixás: seus mitos, lendas, ritos, danças, cânticos, folhas etc.

O que faz o fluido vital das plantas, notadamente os contidos nas folhas – que são objeto de maior uso litúrgico nos terreiros –, ser dinamizado numa espécie de expansão energética (explosão) e, a partir daí, adquirir um direcionamento, cumprindo uma ação esperada, são as palavras de encantamento, o verbo atuante associado à força mental e à vontade do médium – sacerdote oficiante do rito –, perfazendo assim uma encantação pronunciada.

Necessariamente, o princípio-ativo fármaco da folha não será o mesmo da intenção mágica que realizou o encantamento, em seu correspondente corpo etéreo. Existem associações de mais de uma planta que acabam tendo efeito sinérgico, por sua vez diferente do uso individual das folhas, que compõem o "emplastro", banho ou batimento. A ligação mágica é feita de elos verbais cantados, da ação terapêutica medicinal associada à ação energética mágica esperada, combinação fluídica vibracional realizada na junção dos duplos etéreos das folhas e adequadamente potencializada pela ação dos Guias Astrais da Umbanda, havendo, por fim, uma ação coletiva: do sacerdote oficiante do rito, dos médiuns cantando e dos espíritos mentores.

Quanto aos batimentos, as ervas também são usadas na forma de ramas e galhos que são "batidos" nos consulentes, com o objetivo de desprender as cargas negativas e as larvas astrais que possam estar aderidas a estes. Quando feito pelos médiuns incorporados, geralmente com os caboclos (mas pode acontecer com outras linhas de trabalho, em conformidade com a característica ritual de cada terreiro), o movimento em cruz na frente, nas costas, no lado direito e esquerdo, associado aos cânticos, aos silvos e assobios através da magia do sopro e do som, que criam verdadeiros mantras etéreo-astrais que são poderosos desagregadores de fluidos, consagram-se potentes campos curadores de forças. Depois de usadas, as folhas devem ser partidas e despachadas junto a algum lugar de vibração da natureza virginal, de preferência direto sobre o solo, sem que velas sejam acesas, dispensando-se a necessidade de quaisquer elementos poluidores. No impedimento de se proceder assim, coisa comum nos centros urbanos onde se localizam a maioria dos templos de Umbanda, simplesmente deve-se recolhê-los adequadamente para posterior coleta pública de lixo.

Encantamentos cantados

Na Umbanda, tudo acontece entre cantorias. Nada ocorre em silêncio e a palavra escrita não tem força magística. As palavras faladas na forma de pontos cantados são vocalizações mântricas, que têm alto impacto etéreo-astral quando pronunciadas em coletividade. Essas composições passadas pelas entidades, que são chamadas pontos de raiz, requerem um conhecimento prévio de uma técnica de dicção que emprega expressões tradicionais compostas de esquemas indutores aos estados alterados de consciência, propiciatórios ao transe mediúnico, na forma de imagens mentais já estabelecidas no imaginário dos participantes, o que podemos chamar de registros de memórias ancestrais, arquivados no subconsciente profundo e que emergem rompendo momentaneamente o ego, prevalecendo muitas vezes um estado psíquico de *déjà vu*, uma sensação de já ter vivenciado aquilo antes, algo vivido em encarnações passadas, embora não lembrado conscientemente.

Os elementos melódicos empregados, as entonações e os ritmos propulsionam ondas eletromagnéticas no Plano Astral que, por sua vez, serve como um verdadeiro campo de força de que os Guias Astralizados se utilizam para atuar.

Nesse processo de diferenciação de mantras cantados, em que os ingredientes ritualizados são de conhecimento e domínio de todos, raramente muda-se a tradição de ritualizar. A elaboração, o cuidado, "o tratamento", a maneira de lidar e o sentido impresso são invocados através das palavras de encantamento, cantigas e rezas, mas o objetivo final depende sempre de uma intenção, de uma vontade imposta, de um saber mágico, sempre associados à atuação das entidades astralizadas, os espíritos guias e falangeiros da Umbanda.

Diante do exposto até aqui, podemos concluir o quanto é difícil estabelecer uma linha de demarcação entre os conhecimentos científicos fitoterápicos e a prática mágica dos terreiros. As palavras recitadas, os cânticos elaborados, o ritual aplicado, os estados alterados de consciência acompanhados de incorporações mediúnicas, estabelecem e criam encantamentos que definem a ação esperada de cada uma das folhas que compõem, na associação de todas juntas, a receita de ação terapêutica etéreo-astral que terá repercussão espiritual e física no campo da saúde e do psiquismo dos atendidos.

Os trabalhos práticos da Umbanda são eminentemente de tradição oral; em verdade, os cânticos sendo formas de orações com forte apelo de imprecações mágicas. É através dos pontos cantados que a base do raciocínio é construída dentro da dinâmica dos terreiros. Quase nada se faz apenas lendo-se a palavra escrita, o que não a torna menos importante para registro do conhecimento e estudo posterior. Todavia, a prática litúrgica, ritualística e mediúnica de terreiro na Umbanda não dispensa os cânticos, que podem estar acompanhados ou não de instrumentos de percussão como os atabaques, já consagrados na maioria das casas umbandistas.

A precisão dos usos rituais mágicos, que ao leigo parecem desafiar o bom senso, tem como mantenedor a associação da força mental dos médiuns que, nos estados alterados de consciência, a popular incorporação, conseguem dar outras significações às receitas ditas mágicas e incompreendidas pelo olhar cético do racionalista científico.

A dinamização do duplo etéreo das folhas tem uma íntima ligação com a palavra falada, que através do impulso da vibração do espírito "acoplado" no médium, no transe mediúnico, consegue força suficiente para a alteração da coesão das moléculas das plantas. A partir daí, as mesmas adquirem uma plasticidade ou capacidade de moldagem etérica adequada, os Guias Astrais movimentam-nas em novas associações e composições sinérgicas com vários tipos de ectoplasma, utilizando-se, inclusive, dos elementais da natureza, advindo especificidades e indicações ainda desconhecidas dos homens materialistas. Obviamente, dentro da necessidade e fisiologia oculta de cada atendido, na medida certa e adequada a um processo de diagnose que somente os técnicos do lado de lá, velhos xamãs e kimbandeiros, feiticeiros curadores, podem realizar.

No tocante aos elementais (espíritos da natureza), eles habitam o mundo etéreo, e sua estrutura é de matéria não física como compreendemos, mas com densidade atômica material. Esses irmãozinhos não passam por portas e janelas fechadas, tal qual os fios vibratórios que movimentam as moléculas do ar em níveis mais eterizados, mas ainda materializados. Na Umbanda, especialmente na magia dos caboclos e pretos velhos quimbandeiros, os elementais são indispensáveis para o manejo etéreo do prana vegetal (folhas) nos trabalhos de cura, benzimentos e limpezas de auras, bem como para as descargas energéticas, ao adequado manejo dos fluidos deletérios, preservando-se o corpo mediúnico de repercussões vibratórias enfermiças.

A maior parte do que as entidades "desmancham" ao final de uma sessão de caridade precisa retornar para a natureza, para aí, sim, ser transformada de fato. Em verdade, existe um processo de recomposição e decantação vibracional, pois nada se perde, tudo se transforma quando manejamos energias.

Os espíritos mentores não conseguem desintegrar diretamente certos fluidos densos, pois seus perispíritos são mais sutis, assim necessitando dos sítios vibracionais junto à natureza. Esses pontos de força "pertencem" aos Orixás.

É fundamental à Magia de Umbanda a destreza no manejo energético para um terreiro ter a "força" do axé, seja para atrair, seja para descarregar energias.

Retornando ao foco temático deste capítulo, o Orixá "dono" das folhas é Ossaim, aquele que domina o ritual, liberando e expandindo o "axé" das folhas, pois sem folha não há Orixá (Kosi ewe, kosi Orixá), e Sassanhe é o cantar para Ossaim ou cantar para as folhas. Os cânticos, ladainhas e textos cantados – hinários – são empregados para a transmissão dos conhecimentos, o que requer adequada interpretação, e também são fixadores vibratórios entre os dois planos de vida: o dos espíritos e o dos encarnados. Agem com grande propriedade quando associados aos atabaques como potentes indutores do transe mediúnico.

Objetivamente, podemos afirmar que os pontos cantados são instrumentos litúrgicos e verdadeiras imprecações mágicas – encantamentos – que potencializam o prana vegetal (axé verde) contido nas folhas, alteram nossas ondas mentais e facilitam a sintonia com os espíritos guias da Umbanda que movimentam esses fluidos em conformidade com os objetivos magísticos dos trabalhos.

Neste sentido, existe uma lenda de Ossaim que é esclarecedora:

Ossaim, quando Obatalá distribuiu os domínios da Terra entre os Orixás, escolheu as plantas, que passou a estudar e conhecer profundamente. Aprendeu que elas são o segredo da cura e da vida. Um dia, Xangô ordenou que Iansã, com seus ventos, fizesse as folhas voarem para seu palácio, para que todos pudessem ter poderes como os de Ossaim. Iansã fez o que Xangô pediu, gerando um vendaval, que soprava todas as folhas em direção ao palácio de Xangô. Ossaim, entretanto, percebendo o que ocorria, chamou as folhas de volta para a mata, com suas palavras mágicas. E as folhas obedeceram. As poucas que já haviam chegado ao palácio de Xangô perderam o axé. Ossaim, entretanto, para evitar a inveja dos Orixás, deu uma folha para cada um e ensinou o segredo delas, seus efós – as cantigas de encantamento –, sem as quais as folhas não funcionam.

Infelizmente, estamos cada vez mais sem natureza para plantar ou colher as folhas. Não se deve entrar em um local de natureza virginal sem antes pedir licença e presenteá-la com amor. A natureza, antes de tudo, é um "Deus vivo" e totalmente independente do homem, ou seja, é uma Criação Divina que se sustenta sem a ação humana, que infelizmente não a preserva e só a destrói. Não se entra em uma mata, vale, montanha, cachoeira, rios, lagos e mares em vão. Não se acende vela, não se oferenda nada que não seja natural, não se deixa elementos que poluam, garrafas, plásticos, latas... Não se usa vasilha que não seja feita de folhas, não se destrói, não se suja, não se maltrata. Assim nos ensina a cultura aborígene iorubá, base da religiosidade com os Orixás que veio da África para o Brasil.

Para finalizarmos este capítulo, segue um depoimento marcante de Mãe Leni, dirigente fundadora do Templo de Umbanda

Vozes de Aruanda, de Erechim/RS: *Ficamos entristecidos ao visitar uma linda cachoeira e observar a imensidão de "lixo" deixado na água, nas pedras e na mata ao redor, por supostos "umbandistas". Oferendas com muito vidro, plástico, papel alumínio, velas nas pedras e até aves em decomposição. Como agradar às entidades ou aos Orixás sujando desta forma sua casa? A natureza é por onde ELES se manifestam a nós, humanos encarnados. Será que Oxum (que é doçura e amor), Xangô, Oxóssi ou outro Orixá gosta de putrefação, de lixo que não se decompõe e será levado pelas águas até o mar de Iemanjá? Não acredito. O ato de oferendar é para absorver, em contrapartida, o axé para o ofertante; portanto, se alguém emporcalha o sítio sagrado da natureza onde reina o Orixá, estará emporcalhando seu próprio axé. Falta entendimento e discernimento, bem como cidadania, pois, além das "oferendas", ainda deixam espalhados os sacos plásticos nos quais as transportaram. Não se dignam a recolher o próprio lixo que suja e entope nossos córregos, num momento em que nosso planeta já se ressente com falta de água doce, justamente por esses atos insanos dos homens. Por essas e outras, que Umbanda deve ser estudada, antes de ser praticada.*

Fundamentos da fitoterapia nos terreiros

Kosi ewe, kosi Orisa, diz um velho provérbio nagô: sem folha, não há Orixá.

A utilização de ervas e fitoterápicos, como instrumentos de cura popular e amparo aos necessitados, se faz mais presente em nossa própria medicina, que lhes confere maior importância. Nesse resgate dos conhecimentos milenares, a fitoterapia desponta. É também originária da medicina ayurvédica, considerada como a mais antiga ciência da saúde, e surgiu na Índia há cerca de 5 mil anos. Foi ensinada por milhares de anos nos templos das fraternidades iniciáticas, dentro da tradição oral de transmissão dos conhecimentos dos mestres para os aprendizes, assim como é na tradição africana: os "pais de segredo" transmitem o saber oralmente e de forma vivenciada.

Ayurveda significa, literalmente, "ciência ou conhecimento da vida"; é uma palavra com duas raízes sânscritas: AYU, significando "vida", e VEDA, "conhecimento ou ciência". O Ayurveda teve origem nos Vedas, a mais antiga literatura do mundo, onde eram registrados todos os conhecimentos que pudessem ser úteis à humanidade: engenharia, física, astrologia, biologia, toxicologia, filosofia, teologia, entre outros.

Esses conhecimentos iniciáticos são utilizados em rituais de cura de doenças, promovendo bem-estar e saúde, paz e prosperidade desde épocas imemoriais. Ao longo das Eras, em diversas localidades planetárias, sempre foi muito comum o uso de encantamentos, de essências de plantas, dos elementais, que são forças energéticas guardiãs da natureza, do sol e até da energia criativa do homem para fins terapêuticos. As substâncias medicamentosas, em geral, eram usadas sob forma de amuletos.

Após vários milênios de predominância, essa magia extinguiu-se entre os séculos X e XII, quando o Norte da Índia sofreu repetidos ataques e invasões muçulmanas, que acabaram por destruir ou incendiar bibliotecas e assassinar monges e jovens mestres iniciados. Os conhecimentos ayurvédicos foram, então, levados ao Tibete e ao Nepal pelos poucos mestres curadores que conseguiram escapar do massacre. Hoje, raros textos são preservados na tradução tibetana, pois muitos pergaminhos foram totalmente destruídos no interior dos templos, desta vez durante a recente invasão chinesa.

Atualmente, resgata-se a arte e a ciência fitoterápica no mundo, assim como nas religiões afro-brasileiras e naturistas, como a Umbanda. Sob esse ponto de vista, cada criatura tem características próprias, como se fosse uma energia individual. Do mesmo modo que a mente, as emoções e os sentimentos são únicos e, ao mesmo tempo, estão em permanente mutação. O meio externo muito influencia o interno, atrapalhando nosso equilíbrio e ocasionando alterações na constituição natural. Quando compreendermos os fatores que causam desequilíbrio, poderemos eliminar as causas e voltar à constituição original. Equilíbrio é a ordem natural das coisas e desequilíbrio é a desordem. Saúde é a ordem e doença é a desordem.

Nosso corpo, no conceito hermético, é um microcosmo, à semelhança do macrocosmo. Encontram-se em constante interação os diversos campos energéticos que, interiormente, o constituem e, exteriormente, o cercam. Uma vez entendendo a natureza e a estrutura dessas correspondências, que devem estar em harmonia com o nosso Ori – cabeça –, poderemos restabelecer e manter o equilíbrio.

A constituição energética humana

Os princípios da medicina africana, especialmente a iorubana, se baseiam na composição energética do Ori e da regência dos Orixás (tema para os próximos capítulos). Todo ser humano é uma criação do Cosmo, com duas energias: energia masculina, ou positiva, e energia feminina, ou negativa. Nossa constituição energética estrutural é como se fosse resultante da combinação dos elementos da natureza: ar, fogo, água e terra. Esses quatro elementos se manifestam, representando nosso aspecto funcional. Essas forças estão presentes em todas as células, tecidos e órgãos de nosso corpo, onde há diferentes combinações, em várias proporções, dependendo do programa de vida da atual encarnação e da consequente composição do Eledá – energias dos Orixás –, que se acomodam no "entorno" do Ori.

A saúde só é alcançada quando todas essas forças estiverem equilibradas. A fitoterapia é baseada nas plantas e ervas. Esses princípios da natureza são organismos vivos e suas estruturas são engenhosas. Suas propriedades farmacológicas e energéticas propiciam a cura, pois, vibratoriamente, são semelhantes e se encontram em correspondência com os quatro elementos da natureza e, consequentemente, com a vibração dos Orixás e do corpo humano, ocorrendo a ação profilática e curativa de forma natural. Esses princípios são muito utilizados, intuitivamente, pelas benzedeiras e pelos caboclos do interior de nosso país.

Na Umbanda, utilizamos frequentemente os batimentos com folhas e os banhos de ervas maceradas para o "descarrego", "limpeza" e fixação energética nos mais variados preceitos. Através das substâncias fitoterápicas contidas nessas plantas, projetam-se forças etéreo-astrais em frequência vibratória dinamizada pelos espíritos assistentes; polarizam-se os chacras despolarizados e removem-se os miasmas e fluidos deletérios da aura do assistido. Como são energias e fluidos mais densos, geralmente originados por maus pensamentos, que são um tipo de feitiço mental, os princípios naturais contidos nas ervas agem removendo-os, por sua densidade e semelhança com os elementos da natureza.

Tratamentos saudáveis e naturais são coadjuvantes de grande importância no tratamento espiritual mais profundo, realizado nos terreiros, reestabelecendo o equilíbrio do organismo debilitado pela doença e as imantações provocadas por maus pensamentos e pelos obsessores. Não isentam a reforma íntima e a mudança de comportamento, mas mostram-se eficazes na normalização dos campos energéticos do assistido.

Nos trabalhos mediúnicos de terreiro, essas essências fitoterápicas estão astralizadas e são recolhidas na contraparte etérea das folhas e manipuladas junto ao ectoplasma do médium, no magnetismo curador beneficiando aos encarnados e desencarnados. Para cada caso, para cada Ori, para cada Orixá e para cada doença, há uma erva astral, uma essência eterizada, que é aplicada individualmente.

Sem erva, não tem Axé
(O trecho a seguir foi retirado da apostila do curso de ervas da Sociedade Espiritualista Mata Virgem, fundada em 7 de setembro de 1996, localizada no Rio de Janeiro/RJ.)

Eis a regra número um nos cultos de origem afro e da Umbanda: sem erva, não tem Axé.

Se a mata possui uma alma além do mistério, esta é a folha, que a mantém viva pela respiração, que a caracteriza pela cor e aparência, que sombreia seu solo, permitindo, através do frescor, a propensão à semeadura.

"Kosi ewe, kosi Orisa", diz um velho provérbio nagô: "sem folha, não há Orixá", que pode ser traduzido por "não se pode cultuar Orixás sem usar as folhas", e define bem o papel das plantas nos ritos.

O termo folha (ewe) tem aqui um duplo sentido, o literal, que se refere àquela parte dos vegetais que todos nós conhecemos, e o figurado, que se refere aos mistérios e encantamentos mais íntimos dos Orixás.

Mas o que isso tem a ver com o Orixá? É que o culto aos deuses nagôs se ergue a partir do conhecimento e do trabalho, um amálgama de concentração e descontração passível apenas de ser vivido, jamais de ser entendido em sua largura e profundidade.

O conhecimento é aquele que manipula os vegetais, conhece suas propriedades e as reações que produzem quando se juntam; é também aquele que conhece os encantamentos, sem os quais as energias, para além da química, não se desprendem dos vegetais.

O trabalho é aquele que, na disciplina e aparente banalidade do cotidiano da comunidade de terreiro, vai "catando as folhas" lançadas aqui e ali, pela observação silenciosa e astuciosa, com as quais vai construindo seu próprio conhecimento; sem o mínimo de "folhas" necessárias, não se caminha sozinho. Só se dá "folha" a quem é digno e sabe guardar, a quem trabalha, a quem é presente. Só cata "folha" quem tem a sagacidade de entender a linguagem dos olhares.

As folhas de determinado Orixá entram também no culto de outro, pois existem combinações de folhas de um Orixá para o outro.

Os pajés utilizavam ervas medicinais e rezas para afastar maus espíritos e essa prática tornou-se cada vez mais usual, porém, com o aumento da população, os portugueses começaram a enviar mais missionários e médicos para interrompê-las, e a população começou a procurar os pajés em menor frequência e às escondidas.

Muitas mulheres desta época se interessaram pelas ervas medicinais que os pajés utilizavam, e por não conhecerem as rezas que eles faziam, misturavam rezas de santos católicos com essas ervas, criando-se, assim, as famosas rezadeiras e curandeiras do Brasil. Por isso que a influência indígena é tão forte na Umbanda, com seus Caboclos, entidades representantes destes índios que aqui estavam quando os colonizadores chegaram.

Existem diversas folhas com diversas finalidades e combinações, nomes e considerações dos nomes, fato que muito impressiona a quem as manipula dentro de Axé.

Temos que ter muita consciência de como usá-las para que não sejamos pegos de surpresa por energias que são invocadas quando as maceramos, quando colocamos seu sumo em contato com nosso corpo, quando as colhemos. Porém, folha é para trazer energias boas e positivadas, tirar energias ruins e maléficas e, em muitos casos, trazer resposta sobre algo ser necessário para o indivíduo que a usa.

As plantas são usadas para lavar e sacralizar os objetos rituais, para purificar a cabeça e o corpo dos sacerdotes nas etapas iniciáticas, para curar as doenças e afastar males de todas as origens. Mas a folha ritual não é simplesmente a que está na natureza, mas aquela que sofre o poder transformador operado pela intervenção dos espíritos do lado de lá, cujas rezas e encantamentos cantados, proferidos pelos devotos, propiciam a liberação do axé nelas contido.

Há algumas décadas, a floresta fazia parte do cenário e as folhas estavam todas disponíveis para colheita e sacralização. Com a urbanização, o mato rareou nas cidades, obrigando os devotos a manter pequenos jardins e hortas para o cultivo das ervas sagradas ou, então, se deslocar para sítios afastados, onde as plantas podem crescer livremente. Com o passar do tempo, novas especializações foram surgindo no âmbito da religião e hoje as plantas rituais podem ser adquiridas em feiras comuns de abastecimento e em estabelecimentos que comercializam material de culto. Exemplo maior: no Mercadão de Madureira, no subúrbio do Rio de Janeiro, pródigo na oferta de objetos rituais, vestimentas e ingredientes para o culto dos Orixás, mais de vinte estabelecimentos vendem, exclusivamente, toda e qualquer folha necessária aos ritos. Bem longe da natureza.

O elemento vegetal é muito importante para a manutenção e o equilíbrio dos seres vivos. Através de processos variados, os vegetais retiram o prana da natureza, seja através do Sol, da Lua, dos planetas, da terra, da água etc. São, portanto, grandes reservas de éter vital, e através dos tempos o ser humano descobriu essas propriedades. Usamos os vegetais, desde a alimentação até a magia, sempre transformando a energia vital, através de processos e rituais.

O segredo da folha

Pouco a pouco, a lagarta consegue devorar a folha da árvore.
(Provérbio africano)

Pimenta – o fruto e folha de Exu

A pimenta simboliza descendência e abundância. É cheia de sementes e "explode" quando está suficientemente madura, espalhando fecundidade e criatividade. As características morfológicas da pimenta, tipo dedo-de-moça, da costa ou malagueta, cuja cápsula – fruto – contém inúmeras sementes expulsas quando ocorre a maturação, são consideradas quentes – fogo – e elemento (fruto ou folha) de Exu. Como todos os pimentos, é possuidora de um axé – força fluídica – capaz de reforçar o poder da palavra quando algumas de suas sementes são mastigadas liturgicamente na ponta da língua. Assim, nas invocações e evocações, as pimentas são indicadas para potencializar o verbo dos oficiantes para ligá-los ao Senhor dos Caminhos – Exu –, o que leva e trás, abre e fecha, fazendo com que os cânticos tenham "força" etéreo-astral.

As folhas das pimentas, com maior ou menor concentração de princípios ativos, podem ser preparadas adequadamente, dentro do fundamento e tradição de manejo adequado dos terreiros, para uso litúrgico em pessoas astênicas (sentimentos mórbidos e depressivos com enfraquecimento da vontade), comprovadamente magiadas, auxiliando-as positivamente para o restabelecimento da saúde psíquica e física.

A pimenta é dispersora de fluidos pesados e negativos por ser um fluido quente e desagregador. Pode ser usada para a proteção de ambientes, plantada em jardins ou vasos, próximo a janelas e portas de entrada. Ao mesmo tempo, também dispersa formas de pensamentos gerados por inveja e ciúmes, o popular "olho grande".

LAROIÊ EXU!!!
Peço proteção ao Senhor. MOJUBÁ!!!
Meu humilde respeito.

Pèrègún (pau-d'água)

O Pèrègun é Ewé Igbo – faz parte das plantas da terra e da floresta. Tem largo uso litúrgico nas comunidades terreiros de Umbanda e afro-brasileiras.

Traduzindo o nome Pèrègún, palavra de origem nagô, temos literalmente o significado "chama o transe". É uma planta de excitação, indicada na medicina popular para problemas do coração. Na forma de cerca viva, tem finalidade de proteção, por ser a folha de Ogum. É uma vibração quente, excitadora, facilitando nos terreiros a indução ritual aos estados alterados de consciência. Quando o seu tronco com folhas é colocado em vasos contendo água na frente do congá, preferencialmente no chão, tem a capacidade ativadora – quente –, "agitando" e dispersando fluidos negativos, e ao mesmo tempo é calmante, pois conduz esses fluidos pelo tronco, atraídos e captados pela extremidade das longas folhas, para serem "esfriados" com facilidade na água. Dessa forma, é equilibradora do ambiente, podendo ser utilizada em todos os rituais.

Espada de São Jorge (Ogum)

A espada de São Jorge (*Sansevieria trifasciata*), também conhecida por espada de Ogum, rabo-de-lagarto e língua-de-sogra, é uma das mais importantes ervas dos cultos afro-brasileiros e da Umbanda, e é uma das muitas plantas trazidas pelos escravos africanos ao Brasil. Seu nome litúrgico em iorubá é Ewé Idà Òrisà.

Ligada ao elemento terra, excelente para descarga de energias negativas impregnadas na aura, acredita-se que seja nativa da região entre Nigéria e Congo. O formato das suas folhas lembra a espada de Ogum. Dizem que a espada de São Jorge tem a capacidade de proteger, purificar e "cortar" como lâmina a inveja e o mau-olhado, trazendo prosperidade.

É utilizada em banhos, amacís, rituais de bate-folha, no afaste de eguns – desencarnados que perambulam na crosta e por afinidade são atraídos pelos encarnados – e de energias densas, podendo também ser usada como protetora de ambientes, quando em vasos. A espada de São Jorge é a principal folha de Ogum, Orixá guerreiro filho de Iemanjá, senhor do ferro e do fogo. Assim como o Orixá, a espada de São Jorge é uma protetora por excelência.

Por ser uma erva de limpeza poderosa, o banho com espada de São Jorge deve ser restrito para limpezas profundas. Ervas como esta, quando usadas repetidamente, removem as energias densas e também as sutis, enfraquecendo aquele que faz seu uso.

Embora seja pouco comum, a espada de São Jorge pode causar irritação quando em contato com a pele. Coincidência ou não, muitas plantas utilizadas para a limpeza astral são ricas em substâncias químicas irritantes, como, neste caso, poliacetilenos e outros ácidos orgânicos. Ao utilizar a espada de São Jorge em banhos, fique sempre atento a sinais na pele e coceiras, evite banhos muito concentrados e jamais faça chás com esta planta.

Ao coletar a espada para preparar o seu banho, lembre-se de saudar Ossaim, senhor de todas as folhas, e Exu. Assim como nós, as plantas também possuem protetores. Reverencie-os com pontos cantados ou orações e peça licença para utilizar aquele vegetal.

Quer uma espada de São Jorge para proteger a sua casa? O cultivo dessa erva é muito fácil. As mudas podem ser preparadas por estaquia com as folhas ou por divisão do rizoma (raiz). Adapta-se bem a vasos, não exige muita luz ou solos férteis e permanece firme mesmo com pouca água.

Lembre-se, a natureza é a manifestação viva dos Orixás. Disponha-se a interagir com as plantas e cultive as espécies que mais utiliza. Respeite e cuide da mãe terra com amor, afinal, somos filhos dela e a ela retornaremos.

Guiné

Tem propriedade terapêutica, anti-inflamatória e analgésica. Ligada ao elemento terra e a Oxossi, pode ser composta com outras folhas, "servindo" a vários fins magísticos. É uma planta lenhosa, com caule ereto, medindo até 2 metros de altura, considerada pelo "povo de santo" como um escudo mágico contra malefícios. Apresenta longos ramos delgados ascendentes.

É muito usada para banhos de descarga energética – limpeza da aura. Guiné tem o poder de criar um "campo de força" de proteção, bloqueando as energias negativas e emitindo vibrações positivas, além de criar uma energia de bem-estar nos ambientes.

Muitas benzedeiras do Nordeste brasileiro, por vezes iniciadas na Arte da Jurema Sagrada, utilizam o crucifixo de Pau de Guiné, que tem grande poder de quebrar feitiços e dispersar os fluidos enfermiços de cobreiros, impingens, coceiras e pruridos dermatológicos de uma maneira geral.

Existem folhas frias e quentes, calmantes ou excitantes, fixadoras ou desagregadoras, machos ou fêmeas, que quando adequadamente combinadas, segundo a tradição, formam a essência desejada para cada Orixá. Não devemos tomar banho de ervas sem ter absoluta certeza de que elas não sejam contraindicadas ao nosso Ori e às correspondentes vibrações dos nossos Orixás Regentes. Cada caso é um caso e exige exame apurado de quem entende do assunto.

As folhas detêm grande quantidade de Axé (energia mágica-universal, sagrada), prana vegetal, e quando adequadamente combinadas entre si, instalam forte poder de limpeza da aura, firmeza e imantação de certos fluidos propiciatórios ao equilíbrio psicofísico e à sintonia dos médiuns, positivando a comunicação com os Guias Espirituais, falangeiros dos Orixás.

Dendezeiro – folha da palmeira de dendê

O dendezeiro aparece nos mitos de criação da rica cosmogonia nagô relacionados aos Orixás e aos Ancestrais Ilustres masculinos. Tem relação com Ogum, que ao banhar-se em um rio teve suas vestes "roubadas" por Ossaim, o que o fez vestir-se com as folhas desta palmeira (Mariô ou Mariwô). É uma folha de proteção e suas extremidades pontiagudas no alto da palmeira lembram a espada de Ogum, nos defendendo dos inimigos. Antigamente, era bastante comum nos terreiros ter areia de praia no chão e na sua volta; colocadas lado a lado na parede, as folhas de dendezeiro formavam um "muro" verde, uma barreira vibratória ou espécie de escudo de defesa. Em outros casos, as folhas eram pacientemente desfiadas, tecendo-se com elas uma espécie de cortina com franjas, que ainda hoje é colocada em soleiras de portas e portões de entrada.

Do fruto desta palmeira é extraído o azeite de dendê, de ampla aplicação na magia curativa das comunidades terreiro, compondo importantes liberadores de "axé" – condensadores e catalisadores fluídicos.

Saião, folha-da-costa ou fortuna

É uma folha Ewé Omi – folhas das águas. É a folha do Pai da Criação, Oxalá, aquele que traz a chuva balsamizante, a concórdia, a calma e a paz sobre a Terra, sendo considerada uma de suas principais folhas. Energeticamente, "bate e faz eco", o que significa que seu efeito terapêutico calmante é duradouro, como um grito que ecoa longe. É indicado para "esfriar" estados de ânimo agitados e ansiosos que agem sem pensar. Na medicina popular dos terreiros, recomenda-se para acalmar a tosse, sob a forma de xaropes, e como emplastros tem indicação para machucados e hematomas, pelo seu efeito de anti-inflamatório natural.

Também é conhecido como folha da fortuna e seu nome científico é *Kalanchoe brasiliensis Cambess*.

Costuma ser empregado principalmente nas infecções pulmonares e geniturinárias. Como agente externo, auxilia no tratamento de erisipelas, queimaduras, feridas, úlceras de pele e verrugas. Para uso terapêutico, pode ser usado como tônico e no tratamento de úlceras, gastrite, asma, aftas, calos, leucorreia, inflamações na gengiva, no intestino e nos tendões. Pode ajudar também no tratamento de lesões, abscessos e osteoporose. Possui atividade antimalarial e anti-histamínica. Destacamos os flavonoides, que auxiliam no processo de cicatrização. Como precaução, deve-se evitar seu uso por longos períodos, por seu efeito imunossupressor. Não deve ser usado por pessoas com hipotireoidismo e hipotensão (pressão baixa) grave.

Arruda

É uma das ervas mais poderosas para combater inveja e mau-olhado, o famoso olho gordo. A arruda já era conhecida e usada na Grécia Antiga e em Roma. Foi popularizada no Brasil pelos africanos na época na colonização, que a introduziram no herbanário brasileiro. Quando colocada em um ambiente, além de proteger, ela emite vibrações de prosperidade e entusiasmo. Podemos ter sempre um galho de arruda junto ao corpo para reter as energias negativas. É excelente na primeira fase do benzimento, que tem como característica a dispersão de fluidos enfermiços, etapa que antecede a fixação dos fluidos curativos. No livro *Magia de Redenção* (Editora do Conhecimento), Ramatís instrui-nos que a *arruda não é uma planta miraculosa e capaz de livrar o homem das projeções fluídicas inferiores, mas ela presta-lhe o inestimável serviço de assinalar, no ambiente físico, a natureza boa ou má dos eflúvios ou fluidos do mundo oculto. Quando a arruda se mostra vigorosa, ereta e viçosa na sua cor verde-azulada, exsudando o seu odor forte e peculiar, ela desabrocha num ambiente impregnado de bons fluidos; e quando emurchecida e amarelecida, então sofre o bombardeio dos eflúvios e emanações perniciosas do ambiente! Afora qualquer crítica ou análise científica, a arruda é o mais eficiente e sensível barômetro vegetal.*

A arruda pode ser usada em banhos para descarga energética, mas devemos ter cuidado para não ficarmos completamente sem tônus vital, principalmente nos momentos que antecedem o trabalho mediúnico. É interessante que, logo após o banho com arruda, seja tomado um banho com uma folha calmante e fixadora de fluidos, como o capim-limão ou a pitangueira, ervas de Oxalá, ou ainda o manjericão, que energiza e vitaliza a aura.

Nota do médium Hercílio Maes: *Certa vez, pude verificar pela vidência o duplo etéreo de um arbusto de arruda, bem saudável; em torno dele formava-se uma aura evanescente e num tom de limão novo. Diversas formas fluídicas, espécies de vibriões, aracnídeos, miasmas e embriões psíquicos revoluteavam incessantemente, mas assim que se chocavam com a aura luminosa da arruda, essas configurações mórbidas perdiam a sua força esvoaçante e abatiam-se ao solo, algo semelhante ao que acontece às mariposas e besouros depois de feridos pelo calor das lâmpadas elétricas. Doutra feita, o ambiente fluídico era tão nefasto, que tais nuvens parasitárias psíquicas pareciam sustentar-se pela própria irradiação mental das pessoas ali presentes, pois conseguiam infiltrar-se na intimidade da aura da arruda e sua luz apagava-se paulatinamente. Então, a arruda física ficava emurchecida e os seus ramos amareleciam rapidamente.* (Transcrição de *Magia de Redenção*, Editora do Conhecimento)

Manjericão

Planta medicinal indicada para ardor ao urinar, indigestão, febres, tosse etc. As folhas são aromáticas, estimulantes, carminativas, antieméticas, sudoríficas e diuréticas.

Suas sementes foram usadas na medicina persa. No antigo Egito, as folhas de manjericão eram espalhadas sobre as tumbas. O manjericão é uma planta sagrada, *ocimum sanctum*, para o hindus, e era plantado em vasos perto dos templos e do lado de fora de quase todas as casas. É dedicado aos deuses Vishnu e Krishna, sendo usado extensivamente na medicina ayurvédica. As raízes são transformadas em contas e usadas ao redor do pescoço e dos braços, as sementes transformam-se em rosários. As folhas eram colocadas no peito dos mortos para ajudar a abrir as portas do céu.

Atualmente, é utilizado na Umbanda em muitos rituais, para banhos e defumações, é sagrado e purificador. O manjericão macerado é muito bom para limpeza dos lares, livrando-os de energias ruins, negativas, larvas energéticas nocivas, vindas de espiritualidade de baixa luz, que invadem e ocupam ambientes. No banho, macerado com hortelã, purifica corpo e mente, trazendo maior disposição e ânimo. É importante que as folhas estejam frescas para uso. O manjericão nos terreiros é uma erva de grande poder de vitalização áurica, tanto que, além do banho e energização do corpo e ambientes, é utilizado para energizar as guias dos médiuns, banhando-as com a água na qual a erva permaneceu em repouso, consagrada, por pelo menos 12 horas no congá.

O manjericão, em sua ação energética, é também um regulador da liberação da energia da vontade, pois ameniza a personalidade que, oprimida, provoca reações explosivas de autodefesa. Também desperta o fluxo material dos instintos. Em épocas remotas, foi muito utilizado para tirar o veneno das picadas de cobras. É sedativo, combate dores de cabeça ocasionadas por nervosismo e gastrite. Gargarejos com suco de suas folhas fazem sumir aftas. Eficiente também para aumentar o leite das mães.

(Referências bibliográficas utilizadas para a elaboração do texto: Lorenzi, H. et al. *Plantas Medicinais no Brasil*. 2002. Vieira, L. S. *Fitoterapia da Alma*. 1992.)

Alecrim

O alecrim é um excelente desintegrador de larvas astrais, sendo "indispensável" nas defumações. Transmuta a energia do mau-olhado e auxilia na harmonização do ambiente etéreo-astral. Nos banhos de ervas, o alecrim equilibra o emocional, ajuda a perdoar as mágoas e restitui rapidamente a energia perdida. É uma das ervas que ajudam na depressão e nos estados permanentes de cansaço por problemas emocionais. É a planta-chave da autoestima e aumenta a capacidade de aprendizado, ativando o mental e o racional.

Todos nós somos médiuns?
O que acontece com os médiuns caídos e desistentes na transição planetária?

Todo aquele que bebe desta água terá sede de novo. Mas quem beber da água que eu lhe darei, esse nunca mais terá sede. E a água que eu lhe der se tornará nele uma fonte de água que jorra para a vida eterna. (João 4, 13–14)

Enquanto formos materialistas e presos aos sentidos, desejos e prazeres propiciados pelo organismo fisiológico, seremos embotados nas percepções do mundo oculto e sintonizados com vibrações grosseiras dos habitantes do além das sepulturas, que por sua vez se confundem com as sensações físicas.

Não por acaso, esses habitantes estão imantados na crosta terrestre, vivendo como se fossem vivos, ao menos tentando, pois têm fome, sede, sensualidade, desejos etc. Uma maioria de espíritos que não conseguem se soltar do mundo material. O local no Plano Espiritual em que deveriam ficar não é a contrapartida do mundo físico, no sentido de que vivam como se estivessem vivos num corpo de carne. Isto é uma "anomalia" do espírito, o que não significa uma anormalidade, pois suas mentes não conseguem se libertar do ter, do que é transitório e mortal, e não percebem verdadeiramente o que é o ser, perene e imortal.

Assim, por um influxo de afinidade, eles se mantêm entre os seres humanos, influenciando-os, caracterizando os processos obsessivos que demarcam a humanidade. Semelhantes atraindo semelhantes e, de certa forma, em maior ou menor grau, todos nós sendo médiuns, podemos afirmar que inexiste ser humano imune à influência espiritual.

Há que se considerar que, muitas vezes, são os vivos do lado de cá que atraem e obsidiam os mortos do lado de lá, através de seus desejos, recalques, medos, couraças e máscaras que vão sendo criadas pelo ego no psiquismo subconsciente, num processo profundo enraizado – o desconhecimento de si mesmo –, conduzindo as criaturas aos deleites prazerosos do Plano Astral Inferior durante o desdobramento natural do sono físico. Não por acaso, a meia-noite é o horário mais vibrado para a imantação das complexas obsessões, que cercam e acompanham os homens comuns, a maioria fora do corpo físico, que jaz dormindo. Isso é tão verdadeiro, que assim se canta nos terreiros:

Deu meia-noite:
A lua se escondeu.
Lá na encruzilhada, dando a sua gargalhada,
Tranca-Rua apareceu.
É laroiê! É laroiê! É laroiê!
É mojubá! É mojubá! É mojubá!
Ele é Odara e quem tem fé nesse Exu
É só pedir que ele dá.

Deu meia-noite em ponto, o galo cantou.
Cantou pra anunciar que Tiriri chegou.
Ele vem da Calunga de capa, cartola e tridente na mão.
Esse Exu de fé é quem nos traz Axé e nos dá proteção.
Ele é Exu Odara e vem nos ajudar...

Tudo que foi dito até aqui é real e se trata, de fato, de aspectos que acontecem em nossas vidas diárias no tocante às possibilidades de influências de alguns espíritos. Por outro lado, não significa uma incumbência mediúnica em nossos caminhos ou destino cármico. Reflitamos que, por estarmos sujeitos à interferência dos espíritos, não quer dizer que sejamos, efetivamente, médiuns tarefeiros.

Na perspectiva da Umbanda e das religiões mediúnicas, o medianeiro atua como intermediário entre o mundo físico e o universo astral. Ele não só percebe passivamente as influências, como é canal ativo de comunicação dos espíritos, bem como medeia a relação entre os seres das duas realidades dimensionais.

O elo perdido entre o céu e a terra é a mediunidade. Especificamente a mediunidade de terreiro, com destaque para a mecânica de incorporação, atua ostensivamente no aconselhamento espiritual junto àqueles que para ela transitam. Auxilia as pessoas a compreenderem melhor seus programas de vida e seus destinos, não no sentido determinista e inexorável, mas oportunizando uma visão para que os cidadãos possam compreender melhor suas potencialidades psíquicas, seus "dons" ou aptidões inatas, em conformidade ao planejamento cármico de que os mesmos foram alvos antes de reencarnarem, contribuindo para que alterem equívocos em suas condutas e, a partir daí, possam dar os passos mais firmes nos caminhos, gerando abundância e prosperidade neles, e deles para com os outros.

Entretanto, ser médium não é nenhum privilégio. Ao contrário, a sensibilização do Corpo Astral para voltar à carne como médium é dada por misericórdia para nós, consciências atrasadas na evolução planetária, que precisamos urgentemente atenuar nossos pesados débitos gerados num passado delituoso. É dado um crédito para usarmos ajudando as pessoas e a coletividade que, outrora, em outras vidas, prejudicamos. Esta é uma tarefa árdua, pois o médium é colocado em uma posição de "manejo" com o destino de outros indivíduos e, se não estiver bem preparado, suas faltas podem ser severamente cobradas como responsabilidade dos pactos firmados antes do encarne. Sim, fizemos um acordo com nosso Mestre Espiritual, seja que nome se dê – Ancestral Ilustre ou outros –, perante um conselho cármico, e na carne temos que honrar o que foi pactuado, ajustado com a chancela dos tribunais divinos.

Muitos dirão: "temos livre-arbítrio e somos livres". Sem dúvida, isso é verdadeiro, e por isso mesmo que muitos desistem de seus mediunatos, rasgam seus programas de vida, e os mestres respeitam incondicionalmente nossas decisões. Obviamente que os efeitos gerados serão nefastos e a causa somos nós mesmos.

Depois que despertarem no além e reconhecerem novamente, à luz meridiana de suas consciências, os enormes prejuízos que causaram na consecução do elevado programa organizado pelos espíritos benfeitores, os médiuns desistentes se tornam ainda mais infelizes, verificando a necessidade de recomeçarem novamente a mesma tarefa, no momento de transição da Terra, um planeta de provas e expiações, para um mundo de regeneração, quase certo de que terão que reencarnar num orbe inferior para recomeçarem suas jornadas evolutivas. Não só em piores condições geográficas, climáticas e num corpo físico mais bruto, como ainda deserdados do endosso amoroso de que abusaram negligentemente dos seus guias e mentores astrais.

Os que ainda permanecerem aqui, não por falta de amor de seus mentores, mas pela total impossibilidade de eles poderem intervir novamente, terão que expurgar todas as suas faltas, nos charcos trevosos do umbral inferior, num efeito de retorno daquilo tudo que fizeram de mal aos outros, imediato, diante da hora chegada de transição planetária.

Eles passam, então, a ser os últimos da gigantesca "fila de espera" de espíritos desencarnados aguardando novos corpos físicos, para uma reabilitação espiritual que lhes amaine as dores psíquicas e lhes faça esquecer o remorso das vidas pregressas mal vividas.

Esses médiuns desistentes permanecerão "indeterminadamente", no sentido de muitos anos no mundo astral terrestre mais inferior, a "meditar" nas suas desditas e "sofrer" o efeito de suas mazelas íntimas, decantando suas consciências até o momento em que realmente se arrependerem e galgarem outro estágio de consciência.

Há de se considerar que o médium, umbandista ou não, depende diretamente, para a consecução positiva de sua programação mediúnica, do apoio dos bons espíritos, que estão programados a lhe assistirem na presente encarnação. O médium, por si só, é um incapaz no vasto campo do mediunismo, é um espírito caído que recebeu o beneplácito misericordioso do Alto e, neste sentido, sempre nos orienta Pai Tomé que, quando o médium se sentir capaz, iniciará a sua queda. Ocorre que a mediunidade é neutra, sozinha ela não garante que seja bem-sucedido o programa de vida traçado.

O que fará a diferença, para o bem ou para o mal, será o caráter do médium, a sua reforma interior e a sintonia superior que conseguir angariar com suas antenas psíquicas. Naturalmente, todo médium ostensivo é continuamente assediado e, portanto, você que é médium e se encontra lendo esta página agora, ore aos seus mentores e vigie sempre seus pensamentos, seus sentimentos e suas ações, pois é a partir deste substrato psíquico que a providência se encarregará de colocar espíritos afins no seu caminho, para ajudar ou serem ajudados, de acordo com a possibilidade, a capacidade e a vontade de cada um.

Diz-nos ainda Pai Tomé que o Evangelho de Jesus deve ser a referência principal de estudo e interiorização contínua dos médiuns que desejam não falhar novamente. Jesus é o guia maior e serve de conexão dos adeptos umbandistas à corrente das Santas Almas Guardiãs do Cruzeiro Divino. Ele é o Senhor do Orbe, para lembrar que foi o maior de todos os iniciados e recebeu uma coroa de espinhos e foi crucificado. O caminho espiritual é feito de sacrifícios e a mediunidade deve conduzir-nos a sacrificar em nós as inferioridades e o primarismo egoico que ainda vibram internamente.

Assim como uma garrafa bonita não garante que o vinho não seja vinagre, realmente o que mais impacta é que muitos brigam pela garrafa da mediunidade, mas poucos bebem realmente o seu conteúdo "salvador". Ou seja, é difícil não notar, em vários locais, o quão longe estamos da evolução do espírito, privilegiando o externo, o aparente, e muitos médiuns anseiam pelo reconhecimento, pelo elogio, pelo poder temporal.

Há pessoas que se apegam demasiadamente aos rituais e esquecem-se da simplicidade com que Jesus curava os enfermos. Sem dúvida, há uma preocupação excessiva em deter a verdade, em defender a sua interpretação como melhor que a dos outros, de se ter a melhor doutrina. É grande o orgulho no meio mediúnico, maior nos médiuns consagrados e famosos, e a velha ambição de notoriedade desvirtuando os caminhos.

Que o Alto se compadeça de nós, que precisamos estar atentos e de olhos abertos para não sermos levados a praticar algo no exercício da mediunidade prática que não seja a manifestação do espírito para a caridade, despretensiosa e de entrega incondicional.

De toda sorte, como nada se perde, sabemos que mesmo a mediunidade exercitada com vaidade tem a sua serventia, se direcionada para o bem do próximo, pois mais-valia tem se comparada àqueles que só criticam e nada fazem.

Senhor Exu Sete da Lira nos orienta que não existe caridade pura em nenhuma religião da humanidade, pois que o simples fato de todos os seus sacerdotes, adeptos, médiuns e seguidores serem espíritos encarnados por si só já denota que a caridade que eles fazem é impura, uma vez que não parte de espíritos sem carma a saldarem, qualidade elevada dos missionários, os Mestres da Luz, raridade hoje na grande massa de médiuns encarnados, espíritos caídos, em última chance de retificação perante a Lei Divina.

A magia de pemba, do sopro e a terapia das fumaçadas

Pemba e sopro
Peguei na Pemba,
Pemba me balançou.
Defumei, defumei
Em nome de Oxalá
Que todo mal que aqui estiver
Parta para as ondas do mar.

Pode-se afirmar que a Pemba é um instrumento Sagrado da Umbanda, pois com ela muito fazemos em segurança. A Pemba é confeccionada em calcário e modelada em formato ovoide alongado, e serve para, ao riscar um ponto, estabelecer ritualisticamente o contato vibratório com as energias astrais, e ao ser usada como pó, na magia do sopro, espargir a vibração do Guia Falangeiro e do Orixá que o irradia vibratoriamente. A Pemba serve também a outras funções ordenadas pelos Guias, sendo muito utilizada pelo sopro e marcações em determinados locais do corpo físico, com a grafia sagrada de Ifá, a fim de promover limpeza áurica no ambiente e nos médiuns durante os seus trabalhos mediúnicos.

Na antiguidade, os velhos magos, experimentados e tarimbados na magia etéreo-física, preparavam a Pemba, numa mistura homogênea de certos elementos minerais e vegetais da Natureza, que depois eram imantados e consagrados, tornando-se poderosos instrumentos na magia.

Atualmente, raros são aqueles que conhecem a verdadeira confecção de uma genuína Pemba. As que se encontram à venda nas casas do ramo são somente feitas de calcário, desprovidas de todos os materiais necessários à sua natural efetivação magística.

Quando um Guia Espiritual verdadeiramente incorporado pega uma Pemba na mão, esta, imediatamente, torna-se imantada e pronta para o uso magístico; quando ele acaba de utilizá-la, volta a ser simplesmente uma Pemba comum. Por isso, diz o ponto cantado que o verdadeiro Filho de Pemba, quando pega na mesma, balança, pois o Guia vibra em seu Ori (cabeça, no seu centro da glândula pineal), confirmando seu compromisso com a mediunidade.

A Pemba também é conhecida como efun, um nome jejenagô dado a vários tipos de pó utilizados nos rituais afro-brasileiros e da Umbanda. É muito mais conhecida como pó de Pemba, nomenclatura utilizada de origem angolana. Efun ou Pemba mineral é um pó de calcário, encontrado na natureza em várias cores, também chamado de tabatinga ou efunfun (pó branco). Efun (barro branco encontrado no fundo dos rios) foi o primeiro condimento utilizado antes da introdução do sal.

Muito usado para os Orixás-funfun ou ditos do pano branco (Oxalá – Oxaguiã e Oxalufã, Obatalá, Ododuá...) – Orixás dos primórdios da Criação. O efun simboliza o dia, por isso, quando em pó, seja soprado ou friccionado seco, é utilizado com o objetivo de expandir, vitalizar, iluminar, clarear, despertar, avivar. Já o Efun molhado com água pura da chuva é utilizado para acalmar, tranquilizar, adormecer, suavizar, abrandar, repousar, proteger.

A utilização do Efun na Umbanda faz parte da magia do sopro. A vibração fluídica dos Guias se fixa através do assopro do médium nos grânulos do pó de Pemba branca que são aspergidos no ambiente e no consulente, quando for atendido individualmente. Assim, as Pembas são utilizadas para se marcar determinadas vibrações em pontos específicos do corpo com o objetivo de proteção, bem como para se riscar os pontos das entidades, que são espécies de "mandalas" vibratórias com finalidades diversas e específicas na magia de Umbanda.

É fundamental à magia de Umbanda a destreza no manejo energético para um terreiro ter a "força" do axé – irradiação mágica dos Orixás e dos Espíritos Falangeiros –, seja para atrair e fixar, seja para descarregar e transmutar energias (decantação de fluidos).

Terapia das fumaçadas

Quanto à terapia das fumaçadas, que também está relacionada com a magia do sopro, como demonstraremos mais adiante, é usada nas sessões de caridade e assistência aos consulentes que apresentam pesada atmosfera psicoastral, carregada de fluidos deletérios. O prana vital mantém sua vitalidade astromagnética comprimida nas ervas e folhas do fumo. Quando espargido nas golfadas esfumaçadas dos caboclos e cachimbadas dos pais velhos, o fumo se descondiciona, liberando princípios ativos farmacocinéticos altamente benéficos ao ambiente, desagregando as partículas densas em suspensão no éter. Essa teorização é amplamente comprovada em nossos laboratórios: a utilização da queima de ervas específicas mantém um sistema constituído por um meio gasoso, em que estão dispersos elementos contidos no sólido que o originou, caracterizando um método físico-químico com duas fases: a dispersa (fumaça), que está extremamente subdividida e é antecedida pela outra, a fase dispersora (queima). Popularmente, as entidades da Umbanda referem-se a isso como "destruir os fluidos ruins com um bom".

O cachimbo é o instrumento mágico ritual por excelência na Umbanda (o charuto também é utilizado, mas por ser adquirido industrializado, não tem tanta valia como demonstraremos na continuidade deste capítulo).

A magia vai pelo ar, na fumaça. A cura pelas cachimbadas é uma prática "enfumaçada". Muito se resolve na fumaça, nos alerta Pai Juvêncio da Bahia, um Preto Velho feiticeiro curador que em sua última encarnação foi iniciado na Jurema lá pelos idos de Pernambuco, pois migrou da Bahia, onde já era iniciado na religião dos Orixás, indo trabalhar em Recife como navegador. Pai Juvêncio da Bahia é alegre, "arretado" como ele nos diz, é dançador e tem pé de dança, gostava de um caruru quando em vida na Terra. Diz que o cachimbo, para ter validade magística, deve ser elaborado usando matéria-prima natural e consagrado para uso exclusivo da entidade com seu médium. É feito a partir de troncos ou galhos de árvores, sendo principalmente o angico o mais utilizado, mas cada mestre juremeiro pode pedir um cachimbo de sua árvore-raiz ou árvore-fundamento. O cachimbo é entalhado à mão na madeira, sendo na sua forma final tosco, mas ao mesmo tempo bonito. Genuíno e, o mais importante, da entidade astral com ordens e direitos de trabalho.

Jurema

A Jurema (*Acacia nigra*) é a árvore sagrada dos indígenas brasileiros há milênios. Nela, concentram-se os valores fitoterápicos e místicos de um ritual milenar que se perde no evo dos tempos e que podemos afirmar ser o mais genuíno dos brasileiros, muito antes que influências religiosas de outras localidades do planeta aqui aportassem. Está claro que, por ser um ritual totalmente brasileiro, é o único que se equivale aos seus congêneres africanos, por ter sua própria Raiz e Origem, dados os conhecimentos primevos dos Tupis, Caetés, Tabajaras, Potiguás, Tapuias, Pataxós e outras nações indígenas brasileiras. Seus protetores espirituais eram, até a chegada do branco europeu católico e dos africanos: Tupan, Yara, Caapora, Curupira, Boiúna, Mo Boiátatá, Jaguá, Rudá, Carcará e outros mais. Eram de tribos diferentes, mas cultuavam os mesmos deuses aos pés da mesma árvore: a Jurema sagrada.

Não por acaso, uma plêiade de espíritos atua na caridade umbandista com o nome de Caboclas Juremas, flecheiras de Oxossi. Nestes aspectos de origem ancestral divinizada, podemos afirmar que o arquétipo mítico Caboclo é o "Orixá" genuinamente brasileiro. Com o processo de miscigenação, o culto original se modificou, perdendo sua força mágica original. Na mistura entre os indígenas e o branco, entre os indígenas e o negro, suas culturas, seus arquétipos, seus usos e costumes deram nascimento ao "caboclo" (mestiço), bem como aos descendentes de africanos iniciados na magia dos Orixás que acabaram se "mesclando" ao culto da Jurema, num claro processo de hibridização entre a pajelança e a religião dos Orixás.

O ritual da Jurema passou vulgarmente a ser chamado de "Catimbó", devido ao uso de cachimbos durante sua prática, podendo tanto ser feito sobre uma mesa como no chão. As formas são distintas, com objetivos às vezes diferentes, mas sempre objetivando a cura e o alento dos cidadãos menos favorecidos.

A Umbanda Juremeira é a prática da Umbanda com fortes influências do ritual de Jurema sincretizado; com o culto aos Orixás, seres encantados, espiritismo e catolicismo aos moldes da Umbanda popular praticada na Região Sudeste, com a veneração também a Jesus – o divino Oxalá.

As cachimbadas
e fumaçadas mágicas
nas palavras de Pai Juvêncio

Filho meu, pé que dá fruta é o que mais leva pedrada. Nunca revide e, se for falar algo, cuida para que as palavras que saírem de sua boca sejam mais proveitosas que o silêncio. Em contrário, mantenha-se calado, pois as duas orelhas que Zambi deu ao homem são para ele ouvir mais e falar menos. (Pai Juvêncio da Bahia)

Pai Juvêncio da Bahia é um Preto Velho iniciado na Jurema. Em sua última encarnação, nasceu em Salvador. Como seus pais eram adeptos do Candomblé, em tenra idade foi iniciado nesta religião, tendo acesso ao conhecimento das tradições da magia com os Orixás pertinentes ao complexo sistema nagô. Em idade adulta, já "feito" no culto, considerado sacerdote pronto, por discordância com os sacrifícios animais, que muito o entristeciam, resolve mudar-se para Recife, para trabalhar como "mestre" de embarcação fluvial, função que já desempenhava esporadicamente na Bahia.

Em Pernambuco, teve contato com a Jurema Sagrada, sendo tocado profundamente pela simplicidade e força da sua ciência. Em menos de 10 anos, consagrou-se Mestre Juremeiro, tendo sido "tombado" – iniciado e juremado –, conduzido diretamente pelo Astral, concomitante ao pertencimento a uma comunidade terrena.

É espírito simples, direto, alegre, respeitoso, educado, gentil e matreiro, de muito conhecimento das folhas, pois seu pai carnal era Babalossaim – sacerdote das folhas consagrado ao Orixá Ossaim –, e ele mesmo o foi posteriormente, tendo se tornado "famoso" por seu conhecimento como erveiro no mercado central de Salvador, onde sua família tinha uma banca. Exímio pescador e marinheiro, erveiro curador, é muito prático nas demandas pesadas, nos trabalhos de desmanchos.

Pergunta: O que é a Jurema Sagrada?

Pai Juvêncio da Bahia: A Jurema é uma tradição que se mantém viva no Brasil, na região nordestina. Começou originalmente nas Regiões Norte e Nordeste, mas atualmente tem influências variadas da pajelança, do xamanismo indígena do antigo ritual de toré*, mesclando-se ainda com as religiões de matriz africana. Posso afirmar que existe um movimento de "umbandização" da Jurema Sagrada, ou de "juremização" da Umbanda nordestina. Fazemos um jogo de palavras, hábito de repentista, chamado pelos doutores da língua de neologismo, já que temos que falar "enquadrado" em estreitos rótulos terrenos para vocês entenderem, não é mesmo, meus filhos?

Pergunta: Quando o senhor "baixa" em seu médium, dança, é alegre e saúda a força da Jurema, o que isso quer dizer?

Pai Juvêncio da Bahia: Meu filho, é comum, quando os mestres juremeiros chegam em terra, saudar a Jurema Sagrada. Saudamos na esquerda e na direita, no em cima e no embaixo, e tudo que pertence a Deus. Afinal, nada fazemos que não dependa da autorização do Criador. A Jurema é ciência que deve ser respeitada e só quem sabe seus mistérios consegue adentrar seu campo de ação. A "explosão" do axé das folhas no astral não se aprende

---

* De acordo com Alceu Maynard Araújo, em "O Folclore Nacional", volume III, Toré seria o mesmo que Catimbó, Pajelança, Babassuê ou a Encanteria do Piauí. No vasto Brasil, as denominações de uma dança, de uma cerimônia, variam de região para região. Em Alagoas, na foz do Rio São Francisco, em Piaçabuçu, Toré é o mesmo que Catimbó, sendo que, além das funções medicinais fitoterapêuticas, são encontrados seus elementos fundamentais, herdados do índio: a jurema e a defumação curativa.

em cursos, meu filho, muito menos é garantida por apostilas de formação. Sem a cobertura de um mestre do lado de cá, o que se vê por aí são placebos sem efeito terapêutico mágico, bonitos para os olhos verem, porém "santos" do pau oco, vazios de magia e de axé.

Pergunta: Qual o motivo do seu movimento quando incorporado, do seu canto e dança, de peculiar balanço gingado com as pernas?

Pai Juvêncio da Bahia: A Jurema se manteve no clima de opressão religiosa. Os caboclos do interior, os escravos, mamelucos e peões das fazendas dos coronéis católicos mantinham-se vivos à noite após "morrerem" de trabalhar durante o dia, dançando em transe com os espíritos "encantados" das florestas, fundamentando a cura de suas mazelas psíquicas e do corpo através das ervas, raízes e cascas de árvore usadas com função mágica para aliviar as moléstias ou para afastar males e recuperar as energias para continuarem na dura existência da aridez nordestina. Na beberagem ritual do vinho extraído da árvore sagrada da Jurema, descomprimiam o psiquismo, entrando num outro estado de consciência, num sentido mágico-religioso, dando oportunidade aos espíritos benfeitores de operarem verdadeiros "milagres" curativos.

A animação angariada com os pontos cantados, ao som dos elus – tambores e maracás –, associados às danças e às fumaçadas dos mestres incorporados, é característica da Jurema. Tanto os caboclos como os espíritos "juremados" – iniciados na ciência da Jurema quando estiveram encarnados – são chamados pelos cânticos. O aperfeiçoamento dos juremados inicia sempre pelo fato de eles comporem um "hino". Quando o seu "hino" fica conhecido, basta um dos presentes na corrente que se forma lembrar um pedaço da melodia para que se estabeleça a egrégora necessária para a "descida" do mestre e ele se manifestar no terreiro.

Pergunta: Por que os cachimbos de angico são fumados ao contrário, com o fornilho – o lado da brasa – dentro da boca, assoprando-o e fazendo a fumaça sair pelo canudo (cânula) da "gaita"? Explique-nos qual é o fundamento disso.

Pai Juvêncio da Bahia: Êta filho curioso! Mas tá na hora de revelar alguns "mistérios". A ciência da Jurema é mostrada aos homens de forma simples, mas ela é toda baseada na cientificidade cósmica. Desde sempre, os Mestres de Sabedoria souberam que a mente universal é criadora. Todos os fenômenos produzidos pelos magos (iniciados) de todas as Eras, as curas "milagrosas", os mais intrincados fenômenos, obedeceram sempre às leis imutáveis que regulam o funcionamento cósmico, sustentados pela vontade da mente espiritual do Criador Supremo, que detém o poder mágico que lhe é inerente e imutável, como emanação divina que Ele é em Si mesmo.

Quando o Mestre Jesus falava aos doentes "a tua fé te curou", referia-se a esse poder mental curativo, dinamizador das energias que tecem as próprias células, tecidos e órgãos físicos. Mesmo o Mestre dos mestres precisou utilizar-se de alguns condensadores energéticos, catalisadores fluídicos, como quando, por exemplo, Jesus cuspiu na terra, e com a saliva fez lodo, e untou com o lodo os olhos do cego. E disse-lhe: *Vai, lava-te no tanque de Siloé (que significa o Enviado). Foi, pois, e lavou-se, e voltou vendo* (João, 9:6-7).

Assim, meu filho, seguindo o excelso Anjo Planetário, utilizamos as ervas como lodo e a saliva como fumaça.

A defumação é feita primeiramente da cabeça, desta para os pés, depois braço direito, a seguir esquerdo, parando mais tempo na esquerda, por onde podem se "encostar" os maus espíritos. Depois, o defumado vira e faz as defumações pela frente, da cabeça aos pés. A defumação é um processo de cura e também para livrar de maus-olhados, desmanchando feitiços, bruxarias e outros trabalhos de magia negativa, tendo ainda função preventiva, terapêutica e curativa, pois dispersa os miasmas da aura das criaturas.

Precisamente, o braseiro do cachimbo tem função importantíssima neste processo magístico, da eterização do prana das folhas secas, das ervas, que são utilizadas como fumo. A entidade espiritual acoplada no médium pela mecânica da incorporação assopra no fornilho ao contrário, que está dentro da boca do medianeiro. O incendiamento do braseiro "aquece" o éter e, consequentemente, "amolece" a coesão das moléculas contidas nos princípios químicos do prana vegetal, num processo de alta dinamização energética, funcionando como se fosse a "explosão" de uma bomba.

No direcionamento do sopro para certas partes do corpo físico, e consequentemente do duplo etéreo, vão sendo deslocados todo e qualquer tipo de morbo, tecidos etéreos pútridos, entidades oportunistas são desligadas e socorridas, campos de força de magias negativas são desintegrados... O sopro da entidade, que por sua dilatada capacidade mental atrai outros tipos de prana do Plano Astral, associando-os ao ectoplasma do médium, compõe excelsos medicamentos, que as palavras não conseguirão traduzir.

Por isso, meu filho, que o cachimbo é assoprado ao contrário, para alterar a junção molecular etérica de tudo que se encontra em seu raio de ação. É veículo da Misericórdia Divina, assim como a saliva e o barro o foram para Jesus, levantando cegos, mancos, surdos, leprosos e obsediados que estão caídos nos caminhos sem forças para darem um passo.

Era uma mesa branca
Toda enfeitada de flores
E hoje é uma tenda de Jurema de paz, de luz e de amor
Zum, zum, zum ô Jurema
Vamo trabalhar ô Jurema
Desmanchar macumba ô Jurema
Catimbó e azar ô Jurema
Jurema minha Jurema

Meu tesouro rico
E olha o tombo da Jurema
Que ela vale ouro
A Jurema é minha madrinha
Jesus é o meu protetor
A Jurema é pau sagrado
Deu sombra a Nosso Senhor

Nota sobre a Jurema: A Jurema de chão é um ritual em que os juremeiros ficam sentados no chão em frente ao Congá (altar de Jurema) com imagens de Mestres, índios, pretos velhos, caboclos... A tronqueira do mestre da casa com um cachimbo de sete-fumaças, uma cumbuca com fumo de várias ervas: alecrim do campo, liamba, erva-doce, fumo-de-rolo, abre-caminho; e muitos cachimbos. Invocam as entidades para darem passes e fazerem consultas. Nessa sessão também são invocadas, sem obedecer a uma sequência específica, todas as entidades ao mesmo tempo, e pode ter batuque dos elus (tambores) ou não. Sempre há ponto cantado. A Jurema de meia-noite armada ocorre realmente à meia-noite, também no chão; a tronqueira do mestre da casa, que é responsável pela sessão, é arriada no centro do terreiro; jarros com ervas da Jurema (pinhão roxo, comigo-ninguém-pode, pé da felicidade, aroeira), sete qualidades de cachaça, champanha, vinho tinto, vinho branco, cerveja, mel, uma garrafada de Jurema "preparada", um cruzeiro de velas brancas, alguidares com frutas e com fumos preparados (fumo de queda, fumo de descarrego e fumo de levanta), cachimbos cruzados, charutos e cigarros, palitos de fósforo cruzados, velas coloridas cruzadas e uma garrafa de plástico com Jurema para passar no corpo como descarrego. Nessa Jurema não há tambores, pois é apenas cantada para a realização de "trabalhos" em hora grande, horário especial dos Mestres fazerem as coisas funcionarem melhor, com mais força, pois só com o canto e a concentração no silêncio da madrugada fazem render resultados positivos.

A água na magia, sua importância e utilização

A água na Umbanda é um dos elementos naturais mais receptivos. Com uma energia altamente atrativa e condutora, ela é utilizada principalmente pelos Guias Espirituais nos momentos em que há a necessidade de realizar uma imantação ou fixação fluídica, limpeza, purificação e energização de nosso Corpo Astral e do terreiro. Afinal, existem cargas e energias negativas que somente esse elemento natural é capaz de desfazer, limpar e equilibrar. Além do mais, a água representa vida, pois sem ela não existe nada vivo no planeta. É utilizada nos assentamentos vibratórios diversos, dentro da comunidade terreiro. Vamos às suas principais propriedades:

Água do mar
Ótima para descarrego e para energização. Batida contra as rochas e as areias da praia, vibra energia; por isso nunca se apanha água do mar quando o mesmo está sem ondas. A energia salina do mar "queima" as larvas e miasmas astrais, principalmente sob a vibração de Iemanjá. Podemos ir molhando os chacras à medida que vamos adentrando no mar, pedindo licença. No final, podemos dar um bom mergulho de cabeça, imaginando que estamos deixando todas as impurezas espirituais e recarregando nosso corpo de energias sutis. Ideal se realizado em mar com ondas. No terreiro, o elemento pode ser utilizado no momento da descarga energética, geralmente ao final dos trabalhos caritativos.

Água de cachoeira

Tem a mesma função do banho de mar, só que executado em águas doces. A queda d'água provoca um excelente "choque" em nosso corpo, restituindo as energias, ao mesmo tempo em que limpamos toda a nossa alma; é água batida nas pedras, nas quais vibra, crepita e nos livra de todas as impurezas. Ideal se tomado em cachoeiras localizadas próximas de matas e sob o sol. Boa para ser usada nas lavagens de cabeça – amaci – juntamente com o sumo das ervas maceradas.

Água de rios e lagoas

Tem também grande propriedade curadora e é equilibradora. Se o rio tiver pouco movimento, quase parado, assim como a lagoa ou mangue, essa água tem uma energia decantadora de fluidos mórbidos. Se o rio for bem movimentado com corredeiras, a energia da água é vitalizadora, equilibradora e reparadora.

Água de poço

É excelente nos casos de doenças, tanto no corpo espiritual como no Corpo Astral, pois tem uma grande energia transmutadora. Essa água está em contato com a terra, que é o agente mais poderoso de regeneração física, de magnetismo telúrico decantador, absorvendo a energia ruim da área afetada refazendo em seu lugar uma energia saudável. A cura se processa graças a uma troca de energia devido à interação entre os componentes físicos e químicos, astromagnéticos que só a terra oferece.

Água da chuva

É altamente energética e purificadora. É a água que entrou em estado de vaporização e absorve toda a energia do ar, quando novamente entra em outro estado de mudança e retorna ao estado líquido, caindo do céu sobre a terra. Por isso, é utilizada justamente nos momentos em que precisamos de mudança. A água da chuva é benéfica e pura, porém, depois de cair no chão onde pisamos, torna-se profanada, pois atrai as vibrações negativas do local. É ótima também para banhos de descarrego e limpeza de ambientes, pois é ela que limpa as ruas e as encruzilhadas, descarregando todas as vibrações dos trabalhos arriados nesses locais. Se a chuva se der com tempestade acompanhada de raios e trovões, "limpa" toda a cidade de pensamentos-formas pesados, higienizando a psicosfera coletiva.

O que é um Cruzeiro das Almas?

Lá no cruzeiro das almas (bis)
Aonde preto velho vai rezar
As almas choram de alegria
Quando os filhos se combinam (bis)
E choram de tristeza
Quando não quer combinar.

Geralmente, o Cruzeiro das Almas possui algumas características em comum em quase todos os terreiros. Notadamente, hoje em dia, nos centros urbanos, é o único lugar onde intencionalmente não existe piso cimentado recobrindo o chão. Dependendo da casa, pode haver areia de praia, terra preta, terra de cemitério ou terra de formigueiro, e até de cupinzeiro. A terra é o elemento telúrico desintegrador por natureza. A terra de cemitério, colhida no Campo Santo, o que não tem nada a ver com terra tendo cadáver em putrefação, serve como "liga" vibratória com o Orixá Omulu, o regente e senhor da terra, facilitando a conexão vibratória neste local sagrado e escoando alguns fluidos enfermiços dos duplos etéreos dos atendidos nos terreiros. Ao mesmo tempo, tem serventia como decantador para os espíritos socorridos que necessitam do magnetismo telúrico para "sorverem" energias balsamizantes, recompondo seus corpos astrais chagados, e ao mesmo tempo descarregam certas enfermidades fluídicas. Já a terra de formigueiro ou cupinzeiro tem finalidade de proteção, sendo um tipo de para-raios que atrai cargas energéticas demandadas contra a egrégora do terreiro e os desintegra.

Na casa ou Cruzeiro das Almas, o que mais se destaca é uma cruz, simples, geralmente de madeira, variando o tipo de árvore, muitas vezes sendo de aroeira; presa à cruz e pendendo dela, pode-se ter palha da costa ou um rosário de lágrima de Nossa Senhora, destacando-se sempre um crucifixo de metal. Ocorre que, assim como feito na tronqueira* de Exu e no próprio Congá, "enterrado" no chão da casa das almas existe um "fundamento", conjunto de elementos fixos de "firmeza" e "força" do terreiro que são colocados para terem efeito magístico no plano etéreo-físico.

Elementos como água e velas, que não são fixos, e outros, dependendo da tradição de cada terreiro, são trocados de tempo em tempo e dinamizados pelo sacerdote dirigente, ou a quem ele confiar essa tarefa, através de palavras propiciatórias, certos cânticos e rezas, que servem de imprecações e encantamentos mágicos através da utilização da força mental, que por sua vez sintoniza com os espíritos que verdadeiramente movimentam o éter, ou duplo correspondente, dos elementos manipulados. Geralmente, a casa das almas fica posicionada à direita de quem entra no terreiro, no local de maior trânsito e passagem de encarnados e, consequentemente, de desencarnados, ao lado da tronqueira de Exu, servindo ambas

---

*Tronqueiras: aquelas casinhas nas entradas dos terreiros. Elas têm como finalidade ser um ponto de força de Exu. Ali está firmado um "portal" em que os espíritos enfeixados na irradiação de Exu trabalham, numa outra dimensão, mas com atuação direcionada para o Plano Físico, de proteção e guarda ao terreiro. Este ponto de força funciona como um para-raios, um portal que impede as forças hostis de se servirem do ambiente religioso de forma deturpada.

como um posto astral de triagem, pois nem todos serão autorizados a entrar no terreiro e alguns, por vezes muitos, ficam retidos nos campos de força de proteção e detenção localizados próximos à porta ou portão de entrada, conforme a disposição de cada agremiação.

A casa e a ritualização ou culto das santas almas possuem significações múltiplas, todas intrinsecamente interligadas, mas servem preponderantemente como um ponto focal, de convergência de vibrações, objetivando o socorro de espíritos que ainda não despertaram para a realidade de que morreram.

Geralmente são utilizados cânticos na forma de ladainhas, com toadas lentas da Umbanda Oriental, e nessas ocasiões os atabaques não são tocados em muitos terreiros. Há de se considerar, pois acaba sendo uma reverência aos que partiram para o outro lado da vida, obviamente inserida dentro do conceito reencarnacionista que a Umbanda aceita. Assim, é uma lembrança viva e uma tentativa de elaboração simbólica de nosso destino existencial inexorável, pois todos nós um dia vamos morrer. Por outro lado, nada tem a ver com aquela do culto às almas do purgatório, tradição importante do catolicismo popular, que respeitamos, ainda mais que muitos terreiros são altamente sincretizados, mas sabemos ser irreal, pois todos nós nascemos e morremos tantas vezes se faça necessário para evoluirmos num corpo de carne humano.

Os espíritos desencarnados que serão socorridos ligam-se genericamente aos pretos velhos, entidades reconhecidamente pertencentes à linha das almas, por sua vez enfeixada vibratoriamente sob a irradiação do Orixá Omulu – Obaluaé. Os pretos velhos são considerados exímios espíritos para o acolhimento, recepção, preparação e encaminhamento das almas dos mortos, tanto daqueles que em vida foram cumpridores de suas missões na Terra, já bem direcionados nos caminhos da espiritualidade, quanto, sobretudo, daqueles seres perdidos e desgarrados do caminho correto da evolução espiritual, que acabam vagando desorientados pelos recantos obscuros e trevosos do plano espiritual. Todos os espíritos que trabalham na Umbanda são almas, mas os pretos velhos são aqueles que conduzem amorosamente as almas – os responsáveis pelo trato direto com essas energias, com espíritos recém desencarnados ou não, em adaptação vibratória no plano espiritual.

Detalha-nos o lado oculto ao "pé" desta enorme cruz vibratória, de cores azul-índigo com tonalidades de roxo, o Preto Velho Pai Benedito: "Os espíritos socorridos enxergam Jesus sorrindo suavemente, de braços abertos. É o corpo de ilusão do Mestre, plasmado pela força mental das almas santas, os pretos velhos. É um 'egrégoro', um pensamento-forma criado artificialmente pela aglutinação das moléculas astrais. Nesta forma plasmada, o amor de Jesus é concentrado, servindo como um 'detonador' para que as almas caídas que estão sendo socorridas levantem".

Nesse sentido, Jesus naturalmente, por sua dilatada capacidade espiritual, apresenta atributos inimagináveis de onipresença em todos os quadrantes dos planos Astral e Mental da Terra. Assim como crianças que são amparadas por meigos pediatras capacitados, cada um aplicando o diagnóstico apropriado, o Divino Mestre age alcançando a condição dos mais sofridos que estagiam nos planos inferiores, se fazendo ver de tempo em tempo em "corpo de ilusão" através do influxo mental de seus caravaneiros. Vencendo-lhes a cegueira existencial, despertando-os para a fé viva, fortalecendo-lhes a razão ao verem o "milagre" de Jesus ressurreto, fazendo-os enxergar com a visão psíquica da alma que também são filhos amados no aprisco do Pai, tal como sentenciou: *Nenhuma ovelha do aprisco de meu Pai será perdida.*

Agindo sob o potente influxo mental da falange de pretos velhos aos pés da cruz, o corpo de ilusão de Jesus, como dínamo de alta voltagem, é uma espécie de condensador energético que esparge amplamente em sua área de ação eflúvios balsamizantes concentrados, fazendo cegos enxergarem, coxos andarem, mudos falarem, estátuas petrificadas virarem criaturas humanas, leprosos serem curados, "cadáveres" se levantarem, e todos são conduzidos a uma estância de recuperação no Plano Astral, para serem medicados, alimentados, descansando até se fortalecerem para continuarem suas caminhadas evolutivas.

Então, os pretos velhos são as Santas Almas do Cruzeiro Divino. O Cruzeiro Divino é como se fosse uma grande cruz vibratória, sob a qual os Pretos trabalham ao pé. Alguns terreiros têm um ponto de força fixo com uma cruz, onde se podem acender velas às almas, outros ritualizam o Cruzeiro sempre que necessário... As velas são como setas de luz, farol aos espíritos ainda perdidos nas sombras. Salvem as Almas Santas do Cruzeiro Divino, os amados pretos velhos que atuam aos Pés da Cruz do Senhor Jesus!

Preto velho quando vem
Ele vem aos pé da Cruz
Pedindo a proteção
Para os filhos de Jesus

A terra tremeu
A terra tremeu
Tremeu a cruz
Mas não tremeu Jesus

Foi nas almas, nas almas qu'eu nasci e me criei
Foi nas almas, nas almas qu'eu conheci Pai Benedito
Oi, foi nas almas qu'eu conheci Mãe Maria
Foi nas Almas...

Os Caboclos Bugres

Arreia capangueiros,
Capangueiros de Jurema
Arreia capangueiros,
Capangueiros de Oxalá
Olha os matos quebrando
Os caboclos arreiando
Os caboclos arreiando
Olha os matos quebrando.

A literatura que fala dos Caboclos Bugres na Umbanda é escassa, quase inexiste. Originalmente, o termo "Bugre"* foi uma denominação dada pelos colonizadores portugueses aos índios não "catequizados", ou seja, aos silvícolas mais aguerridos, muitas vezes fugitivos perseguidos pelos capitães do mato, que se recusavam peremptoriamente a se submeterem a uma "conversão" religiosa imposta. Em verdade, foi

---

Bugre é uma denominação dada aos indígenas de diversos grupos do Brasil por serem considerados não cristãos pelos europeus. A origem da palavra, no português brasileiro, vem do francês bougre, que, de acordo com o Dicionário Houaiss, possui o primeiro registro no ano de 1172, significando "herético", que, por sua vez, vem do latim medieval (século VI) bulgárus. Como membros da Igreja Ortodoxa Grega, os búlgaros foram considerados heréticos pelos católicos inquisitoriais. Desta forma, o vocábulo passou a ser aplicado, também, para denotar o indígena, no sentido de "inculto", "selvático", "estrangeiro", "pagão" e "não cristão" – uma noção de forte valor pejorativo.

um "apelido" pejorativo, adaptado para a língua portuguesa da palavra francesa *bougre*. Afinal, a França estava na "moda" na época, pois era o berço do sistema etnocêntrico europeu que se impunha ao mundo. Originalmente, esta palavra significava herege.

O termo capitão do mato passou a incluir aqueles que, moradores da cidade ou dos interiores das províncias, capturavam fugitivos para depois entregá-los aos seus senhores mediante prêmio. Há que se falar um pouco sobre esses capitães do mato, que gozavam de pouquíssimo prestígio social, fosse entre os cativos escravos que tinham neles os seus inimigos naturais, fosse na sociedade escravocrata, que os considerava inferiores até aos rasos praças de polícia, e os suspeitava de sequestrar escravos apanhados ao acaso, esperando vê-los declarados em fuga para depois devolvê-los em troca de recompensa. Os mais sangrentos e assassinos capitães do mato foram alguns "alforriados", que tinham a benesse dos senhores dos engenhos de cana e cafezais por escravos trazidos vivos ou mortos – geralmente eram capturados e assassinados para servirem de exemplo aos demais, desanimando-os de tentativas de fuga.

Então, os índios, ditos popularmente como Caboclos Bugres, eram os mais difíceis de serem capturados e obtiveram a fama de serem mais esquivos e aguerridos do que as próprias onças brasileiras, matando muitos capitães do mato, que, por sua vez, acabaram desistindo de os perseguirem, o que fez o ciclo escravocrata se concentrar nos africanos, mais "dóceis" e fáceis de se adaptarem às propriedades agrícolas, por não serem nômades extrativistas como os índios.

A minha experiência com os Caboclos Bugres é que estas entidades ou linha de trabalho são espíritos, sim, aguerridos, mas não no sentido pejorativo. São os Capangueiros de Jurema, os que fazem a "tocaia" e prendem os inimigos nas demandas astrais. Aproximam-se de Ogum como guerreiros, mas são originalmente enfeixados na vibração de Oxossi. Em minhas vivências mediúnicas, são coordenados pelo Caboclo da Pantera e mostram-se à clarividência caracterizados de felinos, com peles de onças e panteras do mato cobrindo-os e as faces pintadas como se fossem "gatos". Isso não quer dizer que todos os espíritos que atuam nessa vibratória assim se apresentem. São exímios nas tocaias, esperam pacientemente e, quando atacam, o fazem com a precisão de um esmerado arqueiro, utilizando-se de dardos soníferos que são assoprados em espécies de tubos de madeira, um caule oco, chamado de zarabatana, para neutralizar certeiramente os inimigos. Originalmente, era utilizada para caçar pequenos animais, como pássaros, esquilos, macacos e coelhos. As setas utilizadas (muito leves) tinham, em média, de 10 a 15 cm, e suas pontas eram embebidas em venenos ou substâncias venenosas feitas de secreção de sapo e de seivas vegetais.

O destino individual e os caminhos por meio do culto a Ori e aos Orixás

Nada adianta uma cabeça boa se tivermos um mau caráter.
(Provérbio nagô)

Diz uma historieta da rica e vasta mitologia iorubana que na fabricação dos homens não bastou o sopro da vida de Olurúm (Deus) para infundir-lhes vida. Corpo e alma não eram suficientes, era preciso infundir uma personalidade em cada ser humano. Assim, foi chamado um velho oleiro, já cansado, para fabricar as cabeças de argila (duplo no Plano Espiritual) capazes de darem aos homens a individualidade de caracterizá-los diferentes uns dos outros por toda a sua existência. Ocorre que Ajalá, este era o nome do oleiro, era meio distraído e cansado, o que fez com que as misturas e os moldes, bem como o tempo de cozimento, não saíssem perfeitamente iguais, sendo que algumas cabeças ficaram com defeito.

Assim se explica a diversidade de carismas humanos, os temperamentos e predisposições diferentes de cada indivíduo, decorrentes de sua cabeça, Ori ou subconsciente profundo. Poderíamos denominar de "cérebro" anímico, de núcleo vibratório propulsor intrínseco do espírito, que tece o seu destino em cada reencarnação, o seu programa de vida humano, aquilo que se tem de trabalhar e melhorar para robustecer um bom caráter numa vida terrena, por sua vez auferindo contínuo retorno dentro das reencarnações sucessivas atreladas à lei universal de causa e efeito.

Obviamente que cada cabeça sendo única, cada consciência sendo incomparável com outra, cada espírito tendo uma história pregressa causadora de efeitos presentes e, pelo que fizermos hoje, impactos futuros, obviamente que cada um de nós terá influência dos Orixás sobre nossas "cabeças", com especificidades individuais, em maior ou menor grau, dependendo dos atributos psicológicos que temos que trabalhar, minimizando uns e fortalecendo outros, os quais, por sua vez, estão irremediavelmente atrelados às irradiações divinas que entendemos como Aspectos do Criador, os sagrados Orixás.

Na Umbanda, o principal e mais conhecido, não o único, culto ao Ori (cabeça) se chama amaci, que é um nome de origem nagô. É o ritual de lavagem das cabeças com folhas maceradas, objetivando o fortalecimento do tônus mediúnico. Podemos ter amacis e preceitos específicos, em conformidade ao Eledá – acomodação das vibrações dos Orixás no médium. Isso requer que o dirigente tenha habilidade de "rastrear" e "mapear" adequadamente estas forças que interagem e influenciam o Ori. Tarefa que não é fácil, muito séria e de profunda responsabilidade. Vamos por partes...

Existe um provérbio que diz: "os inimigos não querem que você sobreviva, mas o seu Ori trabalha para você", ou seja, o nosso eu profundo, que pulsa de nosso inconsciente milenar, é resistente às intempéries de uma encarnação, pois ele é anterior ao atual corpo físico e personalidade transitória, e continuará existindo após a morte física. Continuamente, estamos encontrando recursos internos, a propalada força interior, para nos adequarmos e nos ajustarmos às condições enfrentadas na vida, tanto para o fortalecimento de nossas reservas de energias psíquicas, quanto para a necessidade de integração com fontes de reposição de nossa vitalidade, nosso élan ou magnetismo pessoal. É o nosso Ori que nos individualiza e o corpo físico é só uma "casca" ilusória que encobre o "recheio", nosso espírito imortal.

Métodos divinatórios

Podemos afirmar que esta essência real de cada ser, individualizada em cada encarnação "aprisionada" numa roupagem ilusória ou personagem de uma vida, conhece nossas necessidades evolutivas e os "passos" que temos que dar nos caminhos e encruzilhadas que se apresentarão. E nos acertos e desacertos, apresenta os indicadores que permitem a reorganização de nossos sistemas pessoais, energéticos, mentais, psíquicos e emocionais, bastando, para isso, que saibamos lê-los, ou que tenhamos um "olhador" que o faça junto conosco. Esse "olhador" pode ser o dirigente espiritual do terreiro de Umbanda, que deve ter a destreza de manejo no merindilogun – o jogo de búzios –, embasado nos Signos da Sabedoria de Ifá.

A Sabedoria de Ifá é oriunda das religiões tradicionais africanas, ligada a Orunmilá da religião iorubana. Com a vinda dessas culturas para Brasil, nos períodos do tráfico negreiro, alguns sacerdotes (chamados babalaô no idioma iorubá) foram trazidos. Essa tradição se manteve viva nas religiões afro-brasileiras e na atualidade da Umbanda, e paulatinamente vem se expandindo. Notadamente a Umbanda Esotérica deu grande impulso para a sedimentação da tradição dos Babalaôs e a Sabedoria de Ifá no meio umbandista.

O Culto a Ori dentro do sistema ético de Ifá, que preconiza um bom caráter para um bom destino, é um profundo sistema sagrado divino, empregado na África e nos países para onde foi disseminado para decisões de cunho religioso, espiritual ou social. No Brasil, a forma mais conhecida é o merindilogun, o popular jogo de búzios. Nesse sentido, sobre a Umbanda e os conhecimentos e tradições dos antigos Pais de Segredo, os Babalaôs, nos esclarece Ramatís: "a Umbanda não é Espiritismo e, por isso, não pode prescindir da imagem de Oxalá e dos principais 'santos' representativos dos Orixás da tradição africana. Os africanos, de onde a doutrina de Umbanda trouxe fundamentos, cultuavam os 'senhores da Natureza' na forma de Orixás menores e maiores, de acordo com o seu poder e responsabilidade junto aos homens. Conforme o programa elaborado pela Administração Sideral há muitos milênios, cada coisa é substituída ou modificada no devido tempo do seu progresso natural ou desuso comum. Assim, à medida que desaparecem dos terreiros os velhos Babalaôs (Pais de Segredo), se debilita a arte da magia africana pelo enfraquecimento do ritual de tradição".

Obviamente, se a Umbanda tivesse sido corporificada pelo Alto com a finalidade exclusiva de combater a magia negativa, ela também deixaria de existir, assim que fosse extinta a bruxaria. No entanto, ela é de finalidade mais ampla, atendendo as diversas modalidades de ascensão e esclarecimento espiritual dos seus adeptos, devendo restabelecer gradativamente esta sabedoria milenar, dos antigos e velhos Pais de Segredo.

O babalaô (pai que possui o segredo) é o sacerdote do Culto de Ifá. Ele é o responsável pelos rituais e iniciações. Todos no culto dependem de sua orientação e nada pode escapar de seu controle. Por garantia, ele dispõe de três métodos diferentes de consultar o Oráculo e, por intermédio deles, interpretar os desejos e determinações dos Orixás: Pele-Ifá, jogo de ikins e Opon-Ifá, tábua sagrada feita de madeira e esculpida em diversos formatos – redonda, retangular, quadrada, oval –, utilizada para marcar os signos dos Odús (obtidos com o jogo de ikins) sobre um pó chamado Ierosum. Irofá é o instrumento utilizado pelo babalaô durante o jogo de ikin, com o qual se bate na tábua Opon-Ifá com a finalidade de chamar a atenção de Odú para si, entre outras funções.

O Pele-Ifá ou Rosário de Ifá é um colar aberto composto de um fio trançado de palha-da-costa ou fio de algodão, que tem pendentes oito metades de fava de pele, e é um instrumento divinatório dos tradicionais sacerdotes de Ifá. Existem outros modelos mais modernos de Pele-Ifá, feitos com correntes de metal intercaladas com vários tipos de sementes, moedas ou pedras semipreciosas. O jogo de Pele-Ifá é o mais praticado por ser o que dá retorno mais rápido, pois a pessoa não necessita perguntar em voz alta, o que permite o resguardo de sua privacidade. Também é de uso exclusivo dos babalaôs, e com um único lançamento do rosário divinatório aparecem duas figuras que possuem um lado côncavo e outro convexo, e que, combinadas, formam o Odú.

O Jogo de ikin é utilizado em cerimônias relevantes de forma obrigatória, ou igualmente de modo usual, e vai de cada babalaô o seu uso, sendo restrito e exclusivo dos mesmos babalaôs. O jogo compõe-se de 16 nozes de um tipo especial de dendezeiro ikin que são manipuladas pelo babalaô com a finalidade de se configurar o signo do Odú a ser interpretado e transmitido ao consulente. São colocados na palma da mão esquerda, e com a mão direita rapidamente o babalaô tenta retirá-los de uma vez com um tapa na mão oposta, com o intuito de se obter um número par ou ímpar de ikins em sua mão. Caso não sobre nenhum ikin na mão esquerda, a jogada é anulada e deve ser repetida. Ao restar um número par ou ímpar de ikins em sua mão, se fará dois ou um traço da composição do signo do Odú que será revelado polo sistema oracular. A determinação do Odú é a quantidade de ikin que sobrou na mão esquerda. O mesmo será transcrito para o Opon-Ifá sobre o pó do Iyerossún, que deve ser riscado sobre o Iyerossún que está espalhado no Opon-Ifá: para um risco se usa o dedo médio da mão direita, e para dois riscos se usam dois dedos (o anular e o médio) da mão direita. A operação deverá ser repetida quantas vezes forem necessárias até se obterem duas colunas paralelas riscadas da direita para a esquerda com quatro sinais, formando assim a configuração do signo de Odú.

O oráculo consiste em um grupo de cocos de dendezeiro ou Búzios, ou réplicas destes, que são lançados para criar dados binários, dependendo se eles caem com a face para cima ou para baixo. Os cocos são manipulados entre as mãos do adivinho e no final são contados para determinar aleatoriamente se uma certa quantidade deles foi retida. As conchas ou as réplicas são frequentemente atadas em uma corrente divinatória, quatro de cada lado. Quatro caídas dos búzios fazem um dos dezesseis padrões básicos (um Odú, na língua iorubá); dois de cada um desses se combinam para criar um conjunto total de 256 Odús. Cada um desses Odús é associado a um repertório tradicional de versos (Itan), frequentemente relacionados à mitologia iorubá, que explica seu significado divinatório. O sistema é consagrado aos Orixás Orunmila-Ifá, Orixá da profecia e a Exu que, como mensageiro dos Orixás, confere autoridade ao oráculo. O primeiro umbandista a escrever sobre Ifá no Brasil foi o sacerdote W.W. da Matta e Silva, conhecido como Mestre Yapacani, que já descrevia em 1956 um dos inúmeros sistemas de Ifá em suas obras. Posteriormente, Roger Feraudy, babalaô (Pai de Segredo) de fato e de direito, também escreveu sobre os sistemas divinatórios em suas obras.

Culto a Ori

O culto a Ori objetiva nos conduzir a um processo interno de autoconhecimento, profundo e modificador, nos auxiliando para que sejamos felizes aqui e agora, para que nos libertemos de culpas e recalques do passado, para que não temamos o futuro. Temos muitos bloqueios quanto à abundância e prosperidade, e por vezes estamos desconectados da fonte universal, amorosa e provedora.

Por exemplo, até os dias atuais temos marcado em nosso inconsciente coletivo que rico não entra no céu. Esta passagem do Sermão da Montanha, talvez o mais sublime discurso de Jesus inspirado com a Consciência Crística, foi usada numa maquiavélica arquitetura psicológica pelo clero eclesiástico para criar o Voto de Pobreza, pelo qual os fiéis davam tudo para a Igreja, muitos no leito de morte.

Foi assim que a hierarquia sacerdotal estabelecida em Roma ficou tão rica ao longo da história, e ao mesmo tempo tão pobre de espírito. O sentido esotérico profundo do ser pobre de espírito significa o desapego sincero e natural das coisas do mundo, do materialismo, da ostentação, do senso de superioridade de casta ou religioso, a simplicidade desinteressada; esses são os atributos dos pobres de espírito. Muitos de nós, em situações de progresso, de abundância em nossas vidas, que por vezes refletem ganho financeiro, nos achamos culpados, que não temos direito, pois latejam em nossos subconscientes tantos séculos de uma teologia distorcida, pois, em si, a riqueza na Terra é neutra, e o que vale é o bom caráter e o desapego. Obviamente, é mais valoroso, para a felicidade do homem, ser pobre de espírito, no sentido mundano, e rico de qualidades morais.

Por outro lado, existem os pobres mundanos, que também são espíritos pobres, pois não adquiriram para si valores que os conduzam a ter um bom caráter e respeito ao próximo, assim como podem existir ricos de posses de bens do mundo que sejam espiritualizados, caridosos e altruístas, verdadeiros homens de bem e, paradoxalmente, pobres de espírito como prega o Sermão da Montanha.

Esta teologia distorcida respinga até os dias atuais na formação do pensamento religioso oriundo das doutrinas judaico-cristãs, formando cidadãos infantis e inseguros quanto ao progresso, abundância e prosperidade em suas vidas, tanto em nível material como espiritual, pelo receio de falharem agora, uma ressonância inconsciente cristalizada do medo das penas futuras. E, obviamente, isso tem eco também dentro da Umbanda, especialmente nos terreiros mais influenciados pelos valores do catolicismo.

Mas, afinal, o que é Ori?

Podemos afirmar que Ori é a partícula imortal, divina, de cada um de nós. Tem sua contrapartida ou morada física no meio de nossas cabeças, no entorno da glândula pineal, podendo também ser entendido como a mente extrafísica em toda a sua potencialidade, tendo em seu núcleo central, se assim podemos inferir, numa linguagem tosca para algo um tanto complexo e metafísico, a mônada ou centelha divina. Então, Ori pode ser entendido como o "nosso" Orixá pessoal. Na verdade, ele é o Eu Sou, ou seja, nós mesmos, só que em sua essência luminosa, refulgente, pura, semelhante a Olurúm.

Numa tentativa de entendimento mais abrangente, nosso Ori é formado de elementos, como se fosse uma matriz energética, no momento em que Deus nos criou. Em cada encarnação é modelado um corpo físico que nada mais é do que esta matriz energética envolta no Corpo Astral – perispírito –, particularizada no processo reencarnatório. Esta matriz energética é única, nunca morrerá. Chegará um dia em que o Corpo Astral "morrerá", o que os ocultistas chamam de segunda morte, e passaremos, a partir de então, a habitar planos vibratórios muito próximos e semelhantes à essência divina – sopro criador – que anima nossa mônada, centelha ou Ori.

Assim como não existe uma estrela igual à outra no universo, esta combinação da "química" cósmica que nos liga a um corpo físico, nossa estrutura metafísica entendida como Ori – mental subconsciente imortal –, definirá como reagiremos e nos comportaremos com o mundo físico, sobrenatural, religioso, psicológico e mediúnico, com sérios impactos em nosso equilíbrio psicobiofísico, na medida em que determina o nosso Eledá, ou seja, o conjunto específico de irradiações vibratórias que formam nosso Ori, particularizado numa encarnação, que tem influências centrífugas, de dentro para fora, de nós para com o meio e para com os outros, e centrípetas, do meio e dos outros para conosco.

Os conceitos até aqui expostos estão intimamente ligados ao destino pessoal e à sua instrumentalização para a sua respectiva realização, o que o meio espiritualista entende como programa de vida ou planejamento encarnatório. Quando falamos em destino, não significa determinismo, mas que existe um núcleo "duro" imutável e uma periferia "mole", que os nossos atos, dentro da relação de causa e efeito e exercício do livre-arbítrio, podem estar constantemente alterando para melhor ou para pior, ocasionando caminhos abertos ou fechados; bem-estar, alegria e saúde; ou infortúnio, tristeza e doenças.

Assim, podemos perceber o papel de Ori em nossas vidas relacionado, em larga escala, aos nossos destinos pessoais. Os sucessos e insucessos e todo o plano de provas por que teremos de passar, onde encarnaremos, em que raça, quem serão nossos pais, irmãos e primos, condição social, econômica etc., receberemos o roteiro no momento em que tivermos que voltar para a Terra e ocupar um corpo de carne, conscientemente ou não. Obviamente que parte do que vivenciaremos será escolha nossa e opção aceita pelo nosso livre-arbítrio, outras são colheitas obrigatórias da semeadura livre a que temos direito e que realizamos no passado, tudo testemunhado pelos mestres cármicos (Babá Eguns) do lado de lá, que nos assistem, e devidamente anotado em nossas fichas cármicas e arquivado nos tribunais divinos.

Está claro que existe uma margem flexível pela qual podemos transitar em vida terrena e outras "duras" que não poderemos alterar. Raramente escolhemos quem serão nossos parentes, bem como não conseguimos alterar nosso biotipo físico, mas podemos ter mobilidade social, para cima ou para baixo, dependendo de como utilizarmos nossa inteligência e, acima de tudo, é válido se tivermos um bom caráter, pois riqueza e ascensão fazendo o mal ao outro põem a perder o nosso programa de vida, e o nosso "destino" numa encarnação pode se complicar ainda mais.

Ainda entendemos por um padrão ortodoxo e tradicional esta questão do destino e da evolução. A maioria dos espiritualistas, espíritas e adeptos das religiões judaico-cristãos crê no conceito do espírito só "ganhar luz" depois de sofrer, pagar os pecados no purgatório ou no umbral, ou submeter-se aos argumentos irretorquíveis da catequização de doutrinadores, clérigos ou médiuns. No entanto, esquecemos que todos nós temos uma mesma quota de luz divina, quer sejamos inteligentes ou retardados, corajosos ou fracos, "santos" ou "diabos", homens lúcidos ou bêbados, mulheres castas ou prostitutas. Não há privilégios na criação de Olurúm, pois Ele não distribui mais ou menos o sopro da vida, o ar divino que incendeia a chama vital ou centelha a seus filhos visando distingui-los uns dos outros.

O homem, como espírito encarnado, não precisa evoluir para "ganhar mais luz", nem morrer fisicamente para sobreviver em espírito, pois já vivemos na própria carne a posse de nossa essência indestrutível que irrompe como disposições psíquicas, talentos inatos e "dons" a serem lapidados. À medida que nos melhoramos, purificamos nossos corpos espirituais; exercitando o bom caráter irradiamos mais luz ao redor, assim como a limpeza do lampião sujo proporciona mais alcance de seu raio luminoso.

Nosso Ori é indestrutível, motivo pelo qual "o homem foi feito à imagem de Deus", e Jesus, mais tarde, confirmou ratificando-nos: "Vós sois deuses!". Ou seja, nós, encarnados aqui e agora, não precisamos esperar um futuro, negociando e trocando com o sagrado. Podemos iniciar a purificação de nossos perispíritos já, porque somos modelados pelo sopro e na luz do próprio Deus. Quando o homem se animaliza, ele adensa a sua vestimenta perispiritual, reduzindo a irradiação de luz; mas na prática das virtudes e do bom caráter, adquirindo sabedoria, clareamos este envoltório, expandindo o alcance de nossa luz interna que jaz intocada.

Orixás e Ori

Quanto à influência dos Orixás sobre o Ori, consequência da sensibilização sofrida antes de reencarnar – como o reflexo de um espelho –, terá suma importância na consecução do plano de vida ou destino na presente encarnação. No culto a Ori na Umbanda, é vital o entendimento da composição dessas forças sagradas para o fortalecimento dos médiuns e o seu levantamento pormenorizado é realizado pelo senso de observação do dirigente, que ao longo do tempo vai desenvolvendo extrema acuidade anímica para isso. Como, por exemplo, através do jogo de búzios, que funciona como uma espécie de bússola para o olhador, em verdade apurando-lhe a capacidade intuitiva e de percepção extrassensorial.

Para entendermos melhor a regência dos Orixás na cabeça de um médium, imaginemos a dinamite em abrupta explosão na rocha, causando uma onda de choque sonoro no sistema nervoso de quem a recebe com impacto, promovendo um deslocamento na estrutura celular do corpo físico. Assim, os sentimentos e as ações movidos pelo egoísmo e pelo desamor contra o semelhante perturbam as substâncias mais finas da estrutura atômica do Ori e, consequentemente, dos corpos astral e físico, em decorrência da ressonância no meio ambiente próximo àquele que as emite consciente ou inconscientemente, intencionalmente ou não, resultando no bloqueio vibratório da Lei de Afinidade em seu aspecto positivo e benfeitor.

Ainda que tenhamos a sensibilidade mediúnica exaltada para receber a energia dos Orixás, a fim de facilitar o nosso equilíbrio, como um edifício construído por consistente argamassa que sustenta os tijolos, pensemos que o efeito causado por nossos desequilíbrios emocionais constantes, oriundos dos maus pensamentos que emitimos como potentes golpes contra as paredes desse prédio, acaba por causar uma fissura na estrutura atômica dos nossos corpos e chacras, ocasionando as mais diversas anomalias comportamentais e instabilidades na recepção da vibração dos Orixás, que ficam descompensados em nossas cabeças – Ori.

Em nosso psiquismo, estão registrados hábitos viciados de outrora, que serão refreados pelas energias dos Orixás contrárias, para que seja possível o equilíbrio e a superação cármica, enquanto espírito reencarnante que não se recorda de seus atos pretéritos quando em estado de vigília. É como usar um sapato de numeração menor, com cadarço apertado.

Assim, certos aspectos comportamentais são aprimorados de acordo com a influência dos Orixás, como, por exemplo, o exaltado guerreiro de outrora que vem com Oxum de frente para "esfriá-lo", ou uma pessoa muito passiva e submissa que tem a irradiação de Ogum para "esquentá-lo" e lhe ativa a vontade "anêmica".

Se o psiquismo estiver saturado de energias positivas ou negativas, em abundância ou escassez, quentes ou frias, o ser encarnado poderá ter sérios distúrbios psíquicos decorrentes dos pensamentos desalinhados, os quais interferem na emotividade e causam sequelas nefastas quando somatizados, surgindo daí fobias, pânicos, depressões, ansiedades, fascinações, obsessões e doenças diversas.

Resumindo: o médium sente com mais intensidade a influência dos Orixás de acordo com a proporção da regência de sua coroa mediúnica, ou seja, somos mais sensíveis a determinados Orixás do que a outros. Como exemplo, apresentamos a seguir a regência da coroa mediúnica de um médium hipotético:

Orixás regentes – demonstrativo hipotético de influência na cabeça (Ori) de um médium:

Ogum (primeiro) 30 a 40% – Orixá de frente. Oxum (segundo) 15 a 20% – Orixá adjunto. Obá (terceiro) 10 a 15% – Orixá da esquerda. Omulu (quarto) 5 a 10% – Orixá da direita.

Teríamos, ainda, o Orixá do alto da cabeça, aquele que é o padrinho da encarnação e de quem o Ori mais se aproxima em afinidade. Esse Orixá tem ligação com o signo de Ifá correspondente e só pode ser diagnosticado com precisão através do jogo de búzios, ou pela informação de uma entidade de fato incorporada e com real capacidade de leitura, o que não é comum nos dias atuais, em que a mecânica de incorporação não é mais inconsciente.

Os demais Orixás se "pulverizam", podendo alterar-se em determinados momentos de nossa existência, como em situações em que nos deparamos com um problema sério de saúde ou passamos por mudanças pessoais abruptas. Nesses casos, a regência do Orixá poderá ser alterada momentaneamente, prevalecendo a energia afim necessária ao momento cármico.

Há de se comentar o comprometimento cármico que a regência dos Orixás estabelece com os guias do "lado de lá". Existe uma correspondência vibratória com as entidades que assistem os médiuns, as quais, por sua vez, também estão evoluindo. Então, no caso do demonstrativo hipotético de influência apresentado anteriormente, muito provavelmente o guia principal que irá amparar esse medianeiro, e dele se servir, será de Ogum, embora isso não seja obrigatório.

Consideremos aí a sensibilização fluídico-astral recebida pelo médium antes de reencarnar, a qual foi detalhadamente planejada para funcionar como um "perfeito" encaixe vibratório para a manifestação mediúnica durante as tarefas caritativas, especialmente por se tratar da complexidade do mediunismo de terreiro.

Um dos maiores ensinamentos que o culto a Ori nos dá é compreendermos melhor nosso universo interno e fazermos a relação que aquilo que está fora de nós – macrocosmo – influencia o que está dentro – microcosmo – e vice-versa. Mais do que isso, o predomínio de pensamentos negativos, conforme o caso, gera e induz poderosos fluxos emocionais que percorrem cada indivíduo, afetando seu metabolismo particular e, por conseguinte, modificando o funcionamento de cada célula e o complexo neuroquímico que é gerado pelas glândulas ligadas a cada chacra.

Assim, não é difícil concluir que nosso Ori interfere em nossos pensamentos, que por sua vez se ligam e geram emoções e, através destas, todos os seres se comunicam com seu cosmo orgânico interno e com outros seres em similitude de vibrações, dentro da máxima de que afim atrai afim.

Se tivermos uma imaginação boa, podemos enxergar dentro de nós, assim como enxergamos por fora, todos os fenômenos da natureza e, consequentemente, dos pontos de forças relacionados aos Orixás. Dentro de nós às vezes chove, faz frio ou calor, temos tempestades e vendavais, por vezes tufões e terremotos, tem dias que estamos secos e em outros somos enchentes, há dias em que estamos dando trovoadas entre relâmpagos. Finalmente, também somos brisas mansas e frescas. Nosso manancial cármico subconsciente, que jaz impresso em nosso Ori, provoca ventos e chuvas, calor e seca, assim como todos os eventos que ocorrem naturalmente no planeta. Em nosso universo interno temos correspondência, alterando positivamente ou, por vezes, instabilizando nosso psiquismo.

Especialmente os médiuns, notadamente os de terreiro, têm sensibilidade exacerbada com essas forças internas ligadas aos elementos da natureza e aos Orixás, carecendo pontualmente de preceitos energéticos para se descarregarem, vitalizarem ou simplesmente se conhecerem, e para isso se torna indispensável o conhecimento da regência dos Orixás no Ori, o que popularmente é conhecido por coroa mediúnica ou, singelamente, Eledá.

Através da compreensão e do culto a Ori, irmanados pelo entendimento e pela vivência com a religião dos Orixás na Umbanda, podemos educar-nos melhor para gerarmos pensamentos retos, termos emoções equilibradas e, consequentemente, uma melhor sanidade geral, caminhando com passos firmes no nosso destino de vida rumo ao homem de bom caráter e – por que não? – feliz, com abundância e prosperidade na presente vida.

Considerações finais sobre Ori – a sede da alma

Para os iorubanos, a palavra Ori tem vários significados. No corpo humano, Ori (cabeça) se divide em cabeça espiritual e física: a física onde se encontra o cérebro que usamos para pensar. Em conclusão, o corpo depende de seu Ori.

Por outro lado, o Ori espiritual divide-se também em dois, sendo: parte externa espiritual do próprio (mente, consciente, subconsciente e inconsciente profundo), e mônada, que seria o "Deus" individual de cada pessoa, representando o destino que cada indivíduo carrega. Tem sua sede ou contrapartida física na glândula pineal.

A glândula pineal foi considerada, em 1616, como a sede da alma por René Descartes; o centro do chacra da coroa pelos indianos e iogues; o lugar de encontro com Deus, na tradição hebraico cristã; e, para os chineses, o lugar por onde entra a energia da vida no meridiano do fígado, sendo posteriormente subestimada pela ciência, que a considerou como o apêndice do cérebro. Atualmente, volta a ser o centro das atenções da ciência devido à sua possível função como "fonte da juventude", a partir das propriedades da melatonina. A glândula pineal é acoplada à mente-perispírito do embrião de 4 meses, tem 4 milímetros e finda aos sete anos de idade.

Do ponto de vista filosófico, religioso e metafísico, a glândula pineal também está sendo objeto de estudos, ocupando um lugar de destaque, pois muitas técnicas de meditação e trabalhos com energia têm revelado um aumento dos potenciais e das funções atribuídas à pineal. A luz que os olhos visualizam em estados de meditação ou de oração profundos está diretamente relacionada com os estados alterados de consciência – transes.

Assentamentos vibratórios dos Orixás

O que está em cima é como o que está embaixo. E o que está embaixo é como o que está em cima. (Lei Hermética da Correspondência)

A Umbanda é rica em rituais, repleta de simbolismos, significantes e significados. Cada elemento possui um direcionamento, uma serventia, que deve estar associado à intenção e força mental na sua manipulação: a água é força vital magnetizadora que atrai fluidos ruins ou bons, a bebida destilada tem grande alcance pelo seu poder de volatilização e várias utilidades magísticas, o sal descarrega e neutraliza energias ruins, o mel atrai doçura e "esquenta" as emoções, o azeite de dendê enceta vigor no ambiente. A parte litúrgica, a sequência e ordenação dos ritos, os cânticos, as palavras de imprecação, encantamento e invocação têm várias finalidades nos campos da saúde, prosperidade, fortalecimento espiritual e equilíbrio emocional. Tudo isso tem valia se associado ao amparo e à cobertura dos Guias Astrais pelo canal da mediunidade e, indispensável a todos os envolvidos, para o alcance dos benefícios buscados nos rituais praticados; além disso, devem ser exercitadas as qualidades inerentes ao bom caráter, como: perseverança, respeito, humildade, paciência, amor ao próximo e, principalmente, trabalho duro para atingir os objetivos almejados.

Tudo que é feito na Umbanda depende do pensamento, seja de sensitivos encarnados ou de entidades desencarnadas. O pensamento é força dinâmica, magnética como a gravitação, tem coesão e repulsão. Todo pensamento possui peso, forma, tamanho, estrutura, cor, qualidade e poder com repercussão no plano etéreo-astral. Os pensamentos são como coisas, se "materializam". Da mesma maneira que você entrega uma flor, uma laranja ou um livro a um amigo, também pode dar um pensamento útil. O pensamento é uma grande força, pois move-se, cria. Você poderá operar milagres com o poder do pensamento. Precisa saber a técnica certa de como manipular e usar um pensamento, e é exatamente isso que todo o ritual, com seus diversos elementos, objetiva na Umbanda. Existe a lei do pensamento que diz: semelhante atrai semelhante. Os pensamentos são emitidos e magneticamente atraem coisas similares que estão na mesma frequência vibratória. Nossa mente é como um aparelho de rádio. Os pensamentos e sentimentos são como mensagens radiofônicas e têm uma modulação de onda "eletromagnética". São transmitidos através do éter e captados por seres, vivos ou "mortos", cujas mentes são receptivas a essas vibrações.

O que isso tudo tem a ver com os assentamentos vibratórios?
Tem muito a ver. Iniciar-se na Umbanda é um processo concreto e material, independentemente de ser espiritual. Não é só uma educação sobre rituais, liturgias, cantigas e consagrações. É um processo dialético de objetivação e "apropriação" de forças sagradas, durante o qual as irradiações dos Orixás e de seus falangeiros vão sendo construídas, lapidadas, amadurecidas no psiquismo, e se concretizam e nascem paulatinamente no altar e templo vivo que é o médium, através de seu corpo, emoções e mente. Podemos afirmar que o próprio médium também é um catalisador energético, quando se encontra em transe, com todo o gestual característico dos estados alterados de consciência no mediunismo de terreiro.

Mas, além do mundo interior psíquico dos médiuns, pela nossa desconcentração habitual, é preciso haver assentamentos vibratórios externos para que possamos aquietar e fixar nossas mentes e os pensamentos gerados, nos conectando adequadamente com o mundo espiritual.

Quando falo do corpo, espero que compreendam que não falo somente da parte física e material da questão. É preciso entender que temos mais de um corpo, temos os corpos sutil, etéreo, astral e mental. Os corpos são elos de ligação, e é partir deles que estabelecemos o nosso contato com o mundo dos espíritos e Orixás. A nossa conexão com os falangeiros espirituais irradiados e enfeixados por linha com os Orixás não ocorre somente através da manifestação, mas também por meio do pensamento, da reza, da fala, da conversa, dos rituais, dos simbolismos, dos preceitos... Tudo isso gira em torno dos nossos corpos, sai e vem de encontro a nós.

É esse assunto que procuraremos aprofundar neste capítulo. Um assentamento vibratório de Orixá é uma representação simbólica de uma força sagrada, no espaço físico do terreiro de Umbanda. Podem-se utilizar imagens para representar um Orixá, mas o que terá valor vibratório serão alguns elementos, como folhas, minerais, líquidos, sementes e, principalmente, pedras ou cristais.

Há de esclarecer que um Orixá não é propriamente dito um elemento ou ponto de força da natureza, mas se "expressa" através deles. Assim, para nós, adeptos da Umbanda, sentir a brisa do vento em um dia de tormenta com raios significa "sentir" Iansã; olhar para uma pedreira é como estar admirando Xangô, ver o mar é simbolicamente apreciar Iemanjá; ouvir o chilreado de um pássaro na mata e uma cigarra cantar é escutar Oxossi...

No aspecto interno dos terreiros umbandistas, é possível "materializar" essas forças, consagrando-as liturgicamente, para fins de mediunismo caritativo. Acalmamos nossas mentes, assim como um católico olha uma imagem de santo ou um hindu olha uma divindade, ao visualizarmos um assentamento vibratório de Orixá, que pode ou não estar disposto no altar principal do espaço sagrado, que é o congá. Ainda, podem estar resguardados em um local para acesso só dos adeptos ou no abassá – espaço público sagrado do terreiro.

Um assentamento vibratório não "prende" e muito menos "assenta" um Orixá, que é uma irradiação divina, cósmica e livre. Todavia, representa apenas a ligação vibracional entre dois espaços dimensionais que convivem lado a lado: o físico e o espiritual. É uma espécie de ponte ou portal entre dois planos de existência, abrindo canais de comunicação em que nossas mentes criam e potencializam energias o tempo todo no terreiro. Em verdade, não existe separatividade na religião de Umbanda, mas um simbolismo significativo para traduzir a ininterrupta e contínua união entre o mundo espiritual e o material, sendo este último consequência do primeiro.

Um assentamento vibratório é um centro ou ponto focal de poderosa influência magnética (ver adendo ao final do capítulo). O valor intrínseco de um assentamento vibratório de Orixá não está só na sua existência como instrumento ritualístico, mas, acima de tudo, no que isso representa; uma manifestação de fé, um elemento de ligação metafísica e um potente concentrador e dinamizador energético. O objetivo principal de um assentamento é potencializar a vibração do Orixá, "materializado" no duplo etéreo dos elementos arrumados e dispostos, devidamente consagrados e ritualizados, criando potentes campos de forças que funcionam como verdadeiros portais, aos quais os espíritos guias transitam se apoiando para se fixarem no espaço sagrado e, ao mesmo tempo, manterem adequadamente o intenso rebaixamento vibratório, que se impõem para se fazerem sentir pelos medianeiros através da chamada mecânica de incorporação.

Nos assentamentos vibratórios dos Orixás se fazem as oferendas, não necessariamente oferendas de agrado, o que não é comum na Umbanda. Em verdade, não se precisa de um local específico para se oferendar a um Orixá, como no caso de um agradecimento por uma graça recebida, o que pode ser feito em qualquer local junto à natureza com uma prece sincera e com sentimento elevado. Ocorre que tem todo sentido, sendo o assentamento vibratório do Orixá um ponto de ligação e potencialização com essas irradiações divinas, fazer preceitos de reforço ao Ori – cabeça – dos médiuns junto a esses locais consagrados no terreiro. Assim, em determinadas situações, o dirigente prescreve os elementos e elabora o singelo rito para fortalecimento anímico-mediúnico do trabalhador, que poderá ficar deitado por algum tempo com a cabeça virada para o assentamento.

Deve-se explicar adequadamente esta questão dos preceitos. Um preceito é um fundamento que é passado ao médium, que deve cumpri-lo rigorosamente como preceituado, para que o mesmo tenha seus efeitos energéticos, magísticos e mediúnicos como se espera. Trata-se de um processo mais profundo de transmissão e reposição de axé – fluido vital ou prana – em correspondências afins às vibrações dos Orixás que precisam ser acalmadas (esfriadas) ou excitadas (esquentadas) no psiquismo do médium, em seu Ori.

Assim, ao se executar o preceito num assentamento vibratório, faz-se uma ligação com o duplo etéreo dos elementos utilizados, que, por sua vez, são "explodidos" com a utilização de alguns cânticos e palavras de encantamento, facilitando o manejo dos iniciadores astrais, os guias do terreiro em parceria com os guias individuais do médium, os verdadeiros operadores dos preceitos.

Logo, um assentamento vibratório de Orixá é uma ferramenta que agiliza, direciona e potencializa determinados fluidos, fazendo-os se dinamizarem, tornarem-se mais etéreos, a partir daí propiciando aos espíritos que trabalham enfeixados nas irradiações dos

Orixás procederem a certas operações na delicada contextura do Corpo Astral, duplo etéreo, chacras, nadis (formação de energia na forma de estreitos canais na qual o prana flui e pode se conectar aos chacras) e meridianos ("fios" condutores de energia entre os chacras e demais pontos vitais do corpo fluídico) do médium.

Um assentamento vibratório é feito de elementos materiais semelhantes em vibração à vibração original do Orixá. A finalidade da composição deste "ponto de força", de extrema importância magística dentro do ritual e Lei de Pemba na Umbanda, é estabelecer uma relação que traduza no espaço sagrado do terreiro a matéria etérica que o elemento tem, "traduzindo" a manifestação vibracional ou irradiação magnética do Orixá.

Conhecer essas relações e suas associações corretas umas com as outras é um aprendizado longo, prático e que exige verdadeira cobertura mediúnica dos guias astralizados. O principal elemento utilizado é a pedra ou cristal do Orixá, pois é o catalisador genuíno, formado pela natureza, que tem longevidade de imantação e existência perene na sua constante irradiação magnética, forças genuínas contidas no otá – pedra – que são "explodidas", expandidas e espargidas no ambiente etéreo-astral, durante os cânticos, invocações, evocações e imprecações mágicas que acontecem nas reuniões rito-litúrgicas que estruturam o mediunismo de terreiro.

Há de se comentar que cada preceito individualizado feito junto a um assentamento vibratório de Orixá, ou em mais de um, dependendo do caso, exige profundo conhecimento do Ori do médium, da sua coroa mediúnica. Um preceito estabelece uma ligação única entre o indivíduo e as vibrações dos Orixás que compõem o seu Eledá ou coroa mediúnica, notadamente no tocante ao Orixá de frente e adjunto.

O processo de individualização que é conduzido pelo chefe de terreiro foi previamente definido na arte divinatória de Ifá ou merindilogun (jogo de búzios), nos terreiros que adotam a divinação oracular, ou pela orientação segura de um guia astral de fato incorporado. A partir disso se elaborará o enredo de uma ritualística individualizada, composta também de liberadores vibracionais ou catalisadores energéticos, certos elementos materiais, como folhas, flores, sementes, grãos, líquidos etc., específicos à carência ou excesso energético do médium, tendo sido, ele próprio, preparado antes de reencarnar para ser um receptáculo vivo dessas vibrações dos Orixás – e dos falangeiros –, um templo divino único e incomparável, que constitui o caminho metafísico de ligação entre o seu psiquismo interno e o mundo espiritual.

Assim, é de suma importância o manejo adequado dos elementos, em conformidade com as energias e vibrações que precisam ser acalmadas ou excitadas, esfriadas ou esquentadas no Ori – cabeça – do sensitivo trabalhador, fortalecendo adequadamente seu tônus anímico mediúnico, ampliando seu discernimento mental, propiciando maior clareza de raciocínio para que possa entender melhor os passos que tem que dar nos caminhos que se apresentam em conformidade com seu destino – plano de vida.

Preferencialmente, na maioria dos terreiros de Umbanda, os assentamentos vibratórios dos Orixás são coletivos. Todos os médiuns são livres para a qualquer momento se desligarem do terreiro, não havendo necessidade de preocupação com posse de assentamentos individuais, fato mais comuns em nossas religiões irmãs da matriz afro-brasileira.

Influência magnética e magnetização de objetos

O magnetismo ou fluido vital do homem pode servir não só para magnetizar ou curar seus semelhantes, como para impregnar de maneira análoga os objetos físicos.

De fato, todo objeto em contato imediato com um indivíduo absorve o magnetismo deste último e, por conseguinte, tende a despertar na pessoa que o usa os mesmos sentimentos ou pensamentos de que está impregnado. Isso explica naturalmente, pelo menos em parte, a ação dos talismãs, dos "amuletos" e das relíquias, como também os sentimentos de devoção e religioso respeito, que às vezes emanam literalmente das paredes das velhas igrejas e catedrais, em que cada pedra, verdadeiro talismã acumulado de veneração e de piedade do construtor, foi consagrado pelo bispo e reforçado pelos pensamentos-forma devocionais de sucessivas gerações durante milhares de anos.

O processo jamais se interrompe, embora poucas pessoas sejam conscientes disso. Assim, por exemplo, os alimentos tendem a absorver o magnetismo das pessoas que os manipulam ou deles se aproximam. Daí o verdadeiro motivo das regras severas observadas pelos hindus, que evitam comer em presença de pessoas pertencentes a uma casta inferior ou nada consomem que tenha sofrido o magnetismo da mesma.

Para o ocultista, a pureza magnética é tão importante quanto a limpeza física. Alimentos como o pão e as massas são, particularmente, mais suscetíveis de absorver o magnetismo da pessoa que os prepara, pois é pelas mãos que o magnetismo se escoa com maior intensidade.

Felizmente, a ação do fogo, na cocção, suprime a maior parte das variedades de magnetismo físico. Certos estudantes de ocultismo, a fim de impedir, tanto quanto possível, qualquer mistura magnética, procuram servir-se à mesa exclusivamente de seus próprios utensílios, e não permitem, também, que pessoa alguma lhes corte o cabelo sem que seu magnetismo tenha recebido sua aprovação.

A cabeça é naturalmente a região do corpo em que o magnetismo de outrem exerceria a pior influência. Os livros, sobretudo os de bibliotecas públicas, tendem a impregnar-se de todas as espécies de magnetismos.

As pedras preciosas, que representam o que o reino mineral produziu de mais perfeito, são muito suscetíveis de receber e reter impressões. Muitas joias estão saturadas de sentimentos de inveja e cobiça, principalmente algumas célebres joias históricas, que estão impregnadas de emanações físicas e outras associadas com crimes perpetrados para adquiri-las. Tais joias conservam essas impressões durante milhares de anos, de sorte que os psicometristas podem vê-las enredadas em quadros de indizível horror. Por esse motivo, muitos ocultistas desaconselham, como regra geral, o uso de joias. Por outro lado, as mesmas podem ser reservatórios de influências boas e desejáveis. Assim, as joias gnósticas, empregadas há dois mil anos nas cerimônias iniciáticas, conservam, até hoje, sua poderosa eficácia magnética. Alguns escaravelhos egípcios também a conservam, embora sejam muito mais antigos que as joias gnósticas.

O dinheiro – em moeda ou notas – está frequentemente carregado de magnetismo extremamente desagradável. E não somente está carregado de todas as espécies de magnetismo, mas, além disso, está impregnado dos pensamentos e sentimentos das pessoas que o manusearam.

A perturbação e a irritação que derivam disso, para os corpos astral e mental, foram comparadas aos efeitos produzidos pelo bombardeamento das emanações de rádio sobre o corpo físico.

As moedas de cobre e de bronze, assim como as notas velhas e sujas, apresentam os maiores inconvenientes. O níquel conserva as influências perniciosas menos que o cobre; a prata e o ouro conservam ainda menos. Citemos, ainda, as roupas de cama, como exemplo da maneira pela qual os objetos físicos absorvem e espalham influências magnéticas. Muitas pessoas têm observado que, frequentemente, sonhos penosos tinham por causa a utilização de travesseiro que fora usado por pessoa pouco recomendável. Se for usada lã, seja como cobertor, seja como roupa, nunca deixá-la em contato imediato com a pele, pois a lã é saturada de influências animais.

Para preparar metodicamente um talismã, é preciso, em primeiro lugar, limpar todo o objeto de sua atual matéria etérica, fazendo-o atravessar uma película de matéria etérica especialmente criada por um esforço de vontade. Com o desaparecimento da antiga matéria ou magnetismo, o éter ordinário da atmosfera ambiente toma o seu lugar, pois existe uma pressão etérica que corresponde à pressão atmosférica, porém infinitamente mais poderosa.

Age-se semelhantemente com as matérias astral e mental; o objeto torna-se, por assim dizer, uma folha branca sobre a qual se pode escrever o que se quer. O operador, então, colocando sua mão direita sobre o objeto, carrega-o com as qualidades especiais que deseja comunicar ao talismã. Um ocultista experimentado pode fazer isso tudo quase instantaneamente, por um poderoso esforço de vontade, enquanto outros necessitarão de muito mais tempo.

O processo anterior prepara um talismã do tipo geral. Talismã adaptado é o especialmente carregado para atender às necessidades de um indivíduo; é uma espécie de receita individual, ao invés de um tônico geral. Talismã com alma é o destinado a conservar-se como fonte de radiação durante séculos.

Desses últimos, há duas variedades. Numa se coloca no talismã um fragmento de um mineral superior, o qual emite uma corrente contínua de partículas carregadas com a força acumulada no talismã. O trabalho de distribuição é feito pelo mineral, que dessa maneira economiza força.

Na segunda variedade se dispõem os ingredientes de maneira que sirvam como meio de manifestação para certa categoria de espíritos da natureza sem desenvolvimento, os quais proporcionam a energia necessária para irradiar a influência. Tais talismãs podem durar milhares de anos, com intenso prazer para os espíritos da natureza e grande benefício para aqueles que se aproximarem do centro magnetizado. Talismã vinculado é o magnetizado de maneira a pô-lo e mantê-lo em estreita ligação com quem o preparou, a fim de que se converta numa espécie de posto avançado de sua consciência. Graças a esse vínculo, o usuário do talismã pode enviar um pedido de ajuda ao seu preparador, ou este pode emitir-lhe uma corrente de influência por meio do mesmo talismã. Esse tipo de talismã facilitaria o que a Ciência Cristã chama de "tratamento à distância".

Em casos raros, pode-se ligar um talismã físico ao corpo causal de um adepto, tal qual os talismãs enterrados em vários países por Apolônio de Tiana, há uns 1.900 anos, para que a força irradiada pelos mesmos preparasse esses lugares como centros de grandes acontecimentos no futuro. Alguns desses centros já têm sido utilizados, e outros o serão num futuro próximo, em conexão com a obra do Cristo que há de vir.

Importantes santuários são, em geral, erigidos no lugar onde viveu algum santo ou se deu algum acontecimento notável, como uma iniciação, ou onde haja relíquias de um grande personagem.

Em todos os casos, foi criado um centro de influência magnética poderosa, que persistirá durante milhares de anos.

(FONTE: Arthur E. Powell. *O Duplo Etérico*, Editora do Pensamento.)

Endereços vibratórios nos passes e na corrente de preces e irradiações

E, quando estiveres orando, se tendes alguma coisa contra alguém, desde já perdoai... (Jesus)

Um endereço vibratório é um objeto de uso pessoal que está impregnado com o magnetismo pessoal do alvo a ser atingido, por uma carga benéfica ou maléfica, pois o passe à distância feito em roupas, o consulente estando, com seu devido consentimento, é válido e benfeitor.

Tanto o êxito do feitiço como o da prece e da irradiação para um doente ausente fundamentam-se sobre a mesma lei de afinidade, mudando tão somente a intenção. Em verdade, a maioria das coisas pode ser impregnada das emanações dos seus possuidores. Assim como o casco de uma canoa tem a imantação própria do mar, uma camisa de tecido vegetal pode servir de "endereço vibratório" para as operações de magia à distância, conforme é de uso e necessidade na bruxaria. Quanto aos efeitos enfermiços do enfeitiçamento, os operadores conseguem atingir o alvo visado, dinamizando certos elementos deletérios, direcionando-os de encontro ao corpo vital da vítima, através do endereçamento fluídico do mesmo conseguido na peça de vestuário, que deixa um rastro etéreo facilmente seguido pelos técnicos magnetizadores das sombras.

Quando as pessoas levam a roupa do namorado, do marido ou da esposa, da mãe ou do pai, do irmão ou da irmã, do filho ou da filha, para o passe ou na corrente de preces e irradiações do terreiro umbandista ou centro espiritista, escondido sem os mesmos saberem, mesmo sabendo que os "ajudados" estão em plena condição de sanidade mental, afinal, dizem só querer fazer o bem, há de se considerar que nem sempre o bem que eu quero é o bem que eu faço. Mesmo as boas intenções precisam do consentimento da pessoa-alvo, pois todos nós temos livre-arbítrio. Fazer o bem "escondido", como muitos fazem, levando fotos, roupas e outros objetos que servem de endereço vibratório, sem a pessoa saber, e muito menos obtendo o seu consentimento, quase nunca ao final será um bem realizado, e com certeza desrespeita o livre-arbítrio do outro. Além disso, é uma presunção acharmos que sabemos o que é bom ao outro, pois cada um de nós tem suas escolhas e não somos juízes para presumirmos o bem ou o mal de cada um, mesmo sendo familiar, haja vista que não sabemos as causas geradoras dos efeitos que cada um vivencia em suas vidas, entre as reencarnações sucessivas.

Oremos e vibremos o bem a todos, mas sem interferir nos passos que cada um tem que dar por si mesmo, e saibamos respeitar as escolhas individuais. Pensemos que as opções religiosas são direitos sagrados de cada cidadão e não bem impostos sem os mesmos saberem disso.

Outros podem considerar: não devemos jamais interferir no livre-arbítrio de alguém, porém isso a própria Lei Divina se encarrega de não deixar acontecer. Supõe-se, para justificar suas interferências às escondidas, sem os "ajudados" saberem: existe uma pessoa que está passando por um processo de magia, e ela não merece estar nessa situação, pois, em se tratando de feitiço, tudo pode acontecer, e por isso ela está enterrada em um vício ou uma doença, está tão revoltada que não quer saber de nada, pois seu mental está totalmente fechado e dominado, será que não nos cabe tentar ajudar, mesmo essa pessoa rejeitando a ajuda? Será que, quando ela se livrar desse processo magístico, não vai pensar melhor em seus atos? Ou devemos deixá-la abandonada à própria sorte? O que vale é a intenção de ajudar, ajuda que não venha para satisfazer nosso próprio ego, pois a Lei da Justiça irá agir conforme o merecimento de cada um e analisar cada caso individualmente. A lei jamais irá tirar ou colocar algo pelo qual essa pessoa não mereça estar passando, luz nunca é demais mesmo para encarnados ou espíritos trevosos.

Quanto a este último parágrafo, afirmamos que não é bem assim. Devemos refletir profundamente que um Guia Espiritual, de fato e de direito, sob a égide da Lei de Pemba, tem condição de avaliar cada caso e estabelecer a linha tênue de ação, visando auxiliar aquele que está magiado e desrespeitado frente à Lei Divina. Olhemos para tudo que acontece no campo do mediunismo neste enorme Brasil, e tiremos nossas conclusões sobre o quanto ainda carecemos de estudo, preparo e humildade nas ações como médiuns. Lembremos que os Guias não são perfeitos, embora mais preparados do que nós. Conscientizemo-nos de que os espíritos mentores também estão em evolução. Reconheçamos a prevalência majoritária da mediunidade consciente hoje em dia, pensemos o quanto nos deixamos "abalar" emocionalmente pelos sofrimentos alheios, ainda mais de nossos familiares e entes queridos próximos. Avaliemos com calma e ânimo desarmado o quanto podemos interferir nas comunicações mediúnicas com as nossas opiniões, ao invés da opinião do lado de lá. Assunto sério, que exige profundo preparo mediúnico e prudência de dirigentes espirituais e chefes de terreiro.

Na Umbanda ainda há o costume de tocar a cabeça no solo em sinal de reverência. Esse fato tem múltiplos significados de altíssimo valor. Primeiramente, é um endereço vibratório para o plano metafísico, uma rememoração da origem e do destino da vida: a terra; é a lembrança de que os desejos vieram ao mundo antes da consciência (Ifá diz: os olhos vieram ao mundo antes da cabeça); por isso, prestamos reverência e oferecemos nossa cabeça (nossa consciência) aos Espíritos Guias e aos Sagrados Orixás. Este é o meio pelo qual alcançaremos a redenção, no microcosmo do mediunismo de terreiro, se fazendo um com os mentores, todos irradiados pelos Orixás se fazendo no macrocosmo um com o Pai.

Quem bate cabeça está endereçando sua consciência a um plano superior em consonância com sua própria origem, oferecendo-se humildemente para que possa alcançar, ao menos nos breves momentos ritualísticos, a pureza do Espírito, se fazendo criança novamente. Quem bate cabeça reverencia seus ancestrais e cuida para ter um destino fértil de coisas boas.

Quando louvamos Deus e não "enxergamos" este mesmo Deus na religião ou crença do outro, sentindo-nos superiores e detentores da "verdade", acabamos nos distanciando da Fonte Universal de Abundância e Prosperidade que é o próprio Deus Criador. Somos seres espirituais criados com a mesma capacidade de emitir luz. Visualizar no outro a presença divina da criação é louvar o próprio Criador, que está presente em tudo e em todos indistintamente.

Para estarmos com Deus, e Deus potencialmente em nós, é pré-requisito estarmos em comunhão incondicional com nossos irmãos de jornada evolutiva terrena. Obviamente que isso não significa sermos condizentes e concordarmos com atitudes equivocadas de religiosos que impactam negativamente numa coletividade, mas acima de tudo exercitarmos o respeito fraternal uns com os outros.

Concluindo este capítulo, todos nós somos "fagulhas" de uma mesma chama, filhos de um mesmo Deus. Como faíscas que se "soltaram" de uma labareda, fomos criados espíritos por uma mesma fonte universal, tendo um mesmo endereço vibratório de origem primeva.

Breve interpretação teológica sobre a citação de palavras sagradas e o poder da oração

> *Quando orares, não façais como os hipócritas, que gostam de orar de pé nas sinagogas e nas esquinas das ruas para serem vistos pelos homens. Em verdade eu vos digo: já receberam sua recompensa. Quando orares, entra no teu quarto, fecha a porta e ora ao teu Pai em segredo; e teu Pai, que vê num lugar oculto, recompensar-te-á.*
> (Mateus, 6:5-7)

Existe uma vigilância constante sobre os médiuns. Muitos estão atentos e julgam qualquer possível falha de conduta. Nesses momentos, citam Jesus e o Evangelho, como Espada de Dâmocles no alto das cabeças dos medianeiros. Esquecem que ser médium não é ser "santo". Dizia o sábio Matta e Silva: "é melhor ser um médium vaidoso que faz a caridade do que apontar defeitos nos outros e nada fazer". Além disso, se o médium fosse perfeito, não reencarnaria como médium.

Aos que patrulham sistematicamente e apontam falhas, exigindo apreço e atenção para eles mesmos, no sentido de sentirem-se superiores, citando o evangelho, infelizmente essa é conduta comum no meio evangélico da atualidade, como verificamos na "guerra" das igrejas eletrônicas; e também comum no meio espiritista e espiritualista judaico-cristão, creditamos todos distantes do Cristianismo Primevo. Temos a dizer que o Evangelho de Jesus e seus sublimes ensinamentos, quando citados num impulso interno movido por desconsideração pessoal em relação a alguém, contra este mesmo alguém, são como areia nos olhos: machucam, espezinham e ferem. É impulso do ego e distante da vibração do Mestre, paradoxalmente invocada.

A citação de Jesus deve partir sempre do coração consolador, misericordioso e redentor, que não revida por sentir-se desconsiderado. Antes de citar o Sublime Peregrino, observe se as letras não são um punhado de areia jogada nos olhos do outro.

Mas, e os médiuns presunçosos?

Quem de nós já não escutou, em algum momento de nossas vidas, um medianeiro nos dizer mais ou menos assim: sonhei com você, vou orar por ti; acho que você não está bem, vou colocar teu nome em minhas orações; vou orar por você, logo você estará bem; não sei o que fazer, só me resta orar por você – essas palavras são emblemáticas, pois demonstram forte senso de superioridade, pois aquele que se propõe a orar pelo outro se coloca em condição de movimentar forças divinas. Por outro lado, o fato de alardear a oração àquele que é objeto da mesma reflete um ego exaltado, pois se o indivíduo teoricamente necessitado de oração não pediu, o que oferece à viva-voz implicitamente informa que tem poder de julgamento, sabendo o que o outro precisa em termos de sagrado ou assistência espiritual, mesmo não tendo sido solicitado neste sentido.

Quando oramos, devemos entrar no quarto de nós mesmos, interiorizando nossas intenções, fechando a porta – sem alardear a prece para outros saberem – e mantendo segredo, pois somente o Pai sabe realmente o que cada um de nós precisa. Quem ora pelo outro ruidosamente já recebe de imediato a recompensa, que é a atenção ou o reconhecimento da pessoa a quem ora. Numa perspectiva do psiquismo profundo, quem trombeteia a oração quer atenção, um impulso do ego personal, conforme ensinava Huberto Rohden, precursor do espiritualismo universalista.

A magia
do som dos cantos
e toques de atabaques
na Umbanda

Até onde vai a curimba? Até onde vai a magia do som? Até onde nos leva o Verbo? Para responder a essas indagações é necessário primeiro entender a mecânica do som e os aspectos ocultos do ato de curimbar. Se "no princípio era o Verbo, e o Verbo estava com Deus, e o Verbo era Deus" e "todas as coisas foram feitas por ele, e sem ele nada do que foi feito se fez", então todas as coisas criadas são manifestações concretas dessa Vibração Original. Logo, todo ato de emissão de som e de sua correspondente vibração é um ato divino, um ato magístico, que será magia branca ou negra a depender da intenção do emissor.

O curimbeiro, ao bater com as mãos no atabaque e dele extrair o som, de forma compassada, rítmica, com pensamento concentrado em seu ato e nele colocando seu poder de vontade, com propósito definido, acaba por movimentar energias ocultas através da vibração produzida pelo som. O som é externo, mas sua contraparte oculta é a vibração, que não apenas lhe dá sustentação, mas também o leva (e a si própria) adiante, em ondas, em levas, aonde cada onda vai "empurrando" para frente a que lhe antecede e, por sua vez, é impulsionada para adiante pela que lhe vem atrás, em um movimento ondulatório irresistível com capacidade para "arrastar", se for o caso, tudo o que encontra pela frente no plano oculto.

Até onde? Quais os limites? As possibilidades são ilimitadas, diretamente proporcionais ao propósito e à vontade colocados no ato de curimbar. É dito que o pensamento tem cor, forma e som.

Que até tem odor, perfume, emite luz. Ora, então o inverso também deve ser verdade: todo som emitido também há de, necessariamente, produzir luz, cor, energia pura não condensada. Energia "carimbada" pelo sentimento de doação de que devam estar imbuídos os curimbeiros. E se é energia doada, então contém a necessária "autorização", por assim dizer, para que seja utilizada pelos nossos amigos espirituais da maneira que entenderem mais proveitosa para as atividades que estão sendo realizadas. E aí deve entrar a qualificação que essas entidades espirituais colocam na vibração resultante da curimba, ou seja, matizam as ondas de energia colocadas à disposição para os trabalhos da noite com as qualidades intrínsecas da linha, da falange, em suma, do Orixá em atuação.

Fico tentando imaginar como seria um toque suave, compassado, melódico, acompanhado de um ponto das caboclas das águas, matizado pelas energias mansas, aquáticas, cristalinas e purificadoras das entidades dessa vibração, levando adiante, em suaves e irresistíveis ondas, os irmãos sofredores para os postos de socorro espiritual, limpando-os, energizando-os, envolvendo-os em sublime bálsamo e os entregando mansamente para aqueles que os acolherão.

Ou, então, imagino o toque potente, compassado, com vontade concentrada e propósito firme, tanto de quem toca como de quem canta o ponto, produzindo ondas de choques firmes e irresistíveis na vibração de Iansã, arrastando, desintegrando miasmas, não deixando em pé nada que não estiver em conformidade com a Lei, purificando pelo "vento" e levantando e dispersando a poeira e a sujeira astral de alguma sombria região do umbral.

Fico a imaginar também o efeito da batida compassada e firme na vibração de Ogum. Se no plano físico os exércitos sempre se utilizaram do som como instrumento para atemorizar o inimigo e, ao mesmo tempo, infundir confiança e coragem em seus próprios soldados, como não será quando falangeiros de Ogum viajarem nas ondas energéticas vibratórias deslocadas pelo potente ressoar dos atabaques, sustentadas pela vontade firme dos curimbeiros e dos entoadores dos pontos cantados de Ogum e Xangô, ondas essas "carimbadas" pelo espírito de doação de toda a corrente, a entregar aos trabalhadores do outro lado um aporte energético de vibração e de ectoplasma, matéria-prima preciosa e indispensável para a concretização dos efeitos benéficos visados pelas entidades amigas nos embates e nos ambientes quase físicos do umbral inferior?

Que visão não haverá de ser! Falanges chegando de forma irresistível, recolhendo sofredores atordoados e neutralizando entidades mal-intencionadas, realizando com confiança, determinação e corajosa bondade o encaminhamento desses irmãos para os devidos locais de atendimento e amparo.

Mas, ainda que essas ações já se processem no plano oculto, contraparte oculta e poderosa do ato físico de curimbar, parece-me que há efeitos mais sutis que também devem ser considerados.

Dizem os orientais que o Verbo é Aum, a Vibração Original, a primeira manifestação do Absoluto Indiferenciado, de onde provêm todas as demais manifestações concretas nos diversos planos de existência. Se for assim, somos todos filhos deste Verbo, deste Som Primordial. Somos Som, somos vibração. Vibração essa que reverbera e emite luz, através da glândula pineal de cada um de nós. Estamos todos interligados por essa Vibração Original, que nos iguala e nos irmana. Se é verdade que um diapasão emite som e vibração que faz com que uma corda musical vibre na mesma frequência e nota musical, então parece-me que o toque da curimba, compassado, em uníssono, matizado com as qualidades vibratórias do Orixá invocado, e potencializado o toque pela vontade firme e consciente, com propósito definido dos curimbeiros e de quem canta o ponto, parece-me, repito, que o deslocamento energético vibratório produzido sintoniza, como se fosse um diapasão, com a nossa própria vibração, esta que vibra constantemente através da glândula pineal.

E é aí que se produz, imagino eu, a harmonização da nossa energia, vibração pessoal, com a do Orixá invocado durante o toque. Nesse momento, se produz um refinamento dos nossos corpos sutis, como resultado dessa harmonização e pela agregação das qualidades vibratórias do Orixá. E essa sintonia permitirá a cada médium, de acordo com suas peculiaridades e capacidades individuais, harmonizar-se e sintonizar-se com a entidade específica que vem com ele trabalhar. Ou mesmo com a própria vibração do Orixá, na medida de sua capacidade de "suportar" essa Luz que vem de cima.

Nesse momento, acredito também que a luz que é emitida através da pineal e do chacra coronário se intensifica e resplandece, sempre de acordo e na medida das condições de cada médium, aproximando-nos um pouco mais do nosso Criador. Processo lento, sistemático, cíclico, de toda uma vida e de muitas vidas, doses homeopáticas que nos impulsionam para frente na seara evolutiva.

É o poder do Verbo. Do Verbo fora de nós e do Verbo dentro de nós. Do Verbo que a tudo criou e para o qual todos retornarão, de forma consciente, por nossa vontade. Do Verbo que a tudo sustenta e que dá suporte a todas as ações da espiritualidade. Do Verbo que é pura Luz, bálsamo para aquele que medita, força e energia para aquele que trabalha, conforto e inspiração para quem presta a caridade e também a recebe, cura para aqueles que têm merecimento.

Verbo do qual provém todo o prana, axé indiferenciado, que através do grande prisma cósmico resulta nos Orixás e em toda a diferenciação criadora de Deus e de seus agentes cósmicos. E que, em cada sessão de Umbanda, em nossa pequeníssima e singela área de atuação, inspira a caridade, dá suporte aos nossos trabalhos, movimenta as energias concretas através do poder da vontade dos trabalhadores encarnados e desencarnados, no atendimento e alívio das mazelas de todos nós, sofredores, para que possamos paulatinamente nos elevar e retornar ao Pai Maior.

A curimba, do ponto de vista mais imediato dos nossos trabalhos, nos leva, no Plano Astral, tão longe e tão forte quanto permita nossa vontade, propósito definido, sentimento de doação, sem quebra de corrente, matizados e qualificados pela atuação da espiritualidade. E, de um ponto de vista mais sutil, é poderoso instrumento de auxílio para ajustar nossa vibração individual com a vibração dos Orixás e das linhas de trabalho que estão atuando naquele momento, capacitando-nos para as atividades mediúnicas, para a doação qualificada de ectoplasma e de energias magnéticas, e para a nossa lenta, contínua e, é o que se espera, inexorável elevação de nossa frequência vibratória espiritual.

Nunca me esquecerei da primeira experiência mediúnica que tive com o espírito Ramatís. Na época, eu era médium de um centro espírita pertencente à Federação Espírita do Rio Grande do Sul e estava no terceiro ano da escola de médiuns. Certa noite, após o encontro de estudos, fui para casa pensando no que o instrutor havia falado sobre instrumentos de percussão usados junto com a mediunidade. Disse que eram dispensáveis, que tínhamos que nos livrar desse atavismo, que tal coisa era primitiva, arcaica e que não vivíamos mais em tribos e coisa e tal. Ao dormir, vi-me em pé no meio de um templo branco com duas grandes colunas romanas à porta de entrada. Parado entre essas colunas, como acontece com os maçons quando vão dar instruções, encontrava-se uma entidade de pele vermelha, cabelos compridos e com vestes iniciáticas brancas. Ouvi ao fundo som de tambores – atabaques – e cânticos de Umbanda. Então, o amigo espiritual Ramatís – era ele – me disse, sem mover os lábios astrais, como se o seu pensamento retumbasse sonoramente na minha cabeça:

Nesta noite, vamos socorrer o teu pai. No local onde ele se encontra, em zonas abissais de densidades vibratórias muito pesadas, será necessária a movimentação de uma falange expressiva apoiada pelo som dos tambores e cânticos que desintegrarão e deslocarão os densos campos de força da poderosa organização trevosa que o mantém prisioneiro. Virás junto em desdobramento, mas para teu próprio bem-estar não te lembrarás de nada após nosso encontro neste templo de Umbanda no Astral, assim como não verás quantos espíritos aqui estão por ainda ter a mediunidade um tanto "embotada". Por afinidade, em decorrência de compromissos muito antigos que nos unem, conduzirei eu mesmo a incursão ao Umbral, programada para hoje. Conduzirei-te em segurança; teu pai precisa te ver para despertar, e então conseguiremos tirá-lo de lá. Não digas nada no centro que frequentas, pois te julgarão desequilibrado e a mim, teu obsessor, por não seguirmos os métodos doutrinários desobsessivos que julgam superiores aos da Umbanda. Confia, pois tudo transcorrerá conforme autorizado!

Ato contínuo, os atabaques ecoaram em meus ouvidos perispirituais e adormeci completamente. Acordei no dia seguinte, sentindo-me muito bem e com uma sonolência agradável.

Cabe comentar aqui que o meu pai foi umbandista durante quase toda a vida. Num determinado momento de sua caminhada mediúnica, acabou envolvendo-se com ritos de iniciação de outros cultos e a partir daí nunca mais foi o mesmo. Resumindo a história: seus dias acabaram em trágica situação, bastante desequilibrado e com um terreiro aberto sem nenhum médium ou consulente. Desencarnou abruptamente, vítima de um ataque cardíaco. Logo após o seu desencarne, passei por sérias dificuldades existenciais, o que me levou a buscar ajuda para educar minha mediunidade. Somente após o terceiro ano de educação mediúnica, tive essa experiência marcante e inesquecível, além de ter conhecido Ramatís (foi a primeira vivência mediúnica que tive com ele nesta encarnação, conforme me lembro). Como não poderia deixar de ser, pela peculiaridade de seus ensinamentos, nosso encontro inicial se deu em torno de um assunto polêmico. Mal sabia eu que isso serviria para minha preparação, para, futuramente, estar à frente de um congá, zelando por uma choupana de Umbanda.

Voltando na semana seguinte ao grupo de educação mediúnica do centro espírita que eu frequentava, não me contive e, reservadamente, confiei a experiência dos tambores no Astral à dirigente, e ela me mandou para a coordenação da escola de médiuns. Dito e feito: deram-me como obsediado e me encaminharam para a desobsessão por seis semanas consecutivas. Naquele dia, aprendi o significado do segredo: certas coisas devemos escutar, ver e calar. Nunca mais deixei de seguir uma orientação dos guias, quando me pedem para silenciar.

Este relato, muito marcante para mim, de socorro ao meu pai, já tinha sido publicado em meu livro *Mediunidade e Sacerdócio*. Após o socorro de meu pai, ficou por ele responsável, na Colônia Espiritual conhecida como Metrópole do Grande Coração, um jovem psicólogo iogue, que somente agora, muitos anos depois, se apresentou como Ramagundá. Fui saber, então, que Ramagundá é a união das palavras Rama mais Ogundá, que é o terceiro Odú – Signo de Ifá – do Jogo de Búzios ou merindilogun, e tem a ver com o Orixá Ogum. Ocorre que eu e Ramagundá tivemos uma encarnação juntos na África, onde fomos iniciados na Confraria dos Babalaôs (Pais de Segredo) relacionada à Sabedoria de Ifá. Pela clarividência, vi-nos no solo africano, brincando num momento de recreação, riscando no chão de areia fofa os sinais gráficos do Signário Sagrado de Ifá. Jovenzinhos iniciados, imitávamos os babalaôs "velhos", em torno de 12 anos de idade. Tínhamos as cabeças raspadas aos moldes budistas e usávamos alva túnica de manga comprida que nos pendia até os pés, como se fosse um "camisolão". Foi uma encarnação muito feliz e hoje este amigo e irmão fiel, que se apresenta como Ramaogundá, é o espírito no Plano Astral responsável pela arte divinatória, que significa tornar divino, e não tem nada a ver com adivinhação, no Grupo de Umbanda

Triângulo da Fraternidade, do qual sou dirigente espiritual. Temos fortes laços fraternais e só posso agradecer aos tutores de minha mediunidade, ligados à Fraternidade da Cruz e do Triângulo, pela oportunidade de ser um servidor na mediunidade de terreiro e por poder reencontrar afetos tão antigos e marcantes.

Atualmente, temos no Grupo de Umbanda Triângulo da Fraternidade três atabaques*, que são um tipo de tambor. Eles compõem o que chamamos de "curimba", que é o nome do grupo responsável pelos toques e cantos sagrados dentro de um terreiro de Umbanda. Os médiuns fazem parte da curimba e batem o atabaque que, para nós da Umbanda, é um instrumento sagrado de percussão. Eles também cantam os pontos em conformidade com a sequência ritual da sessão.

A união dos pontos cantados com os toques do atabaque é de suma importância para a sustentação vibratória da sessão, e deve ser bem fundamentada e compreendida por todos. Os cânticos servem de marcação para todo o ritual do terreiro, que se divide em partes: defumação, abertura, saudação, chamada, sustentação, descarga e encerramento. A defumação se dá logo no início. Na abertura, é cantado o hino da Umbanda e o ponto do Exu da tranqueira da casa.

Na saudação, louvamos o Orixá regente do congá e o guia-chefe, se for o caso. Nos pontos de chamada, são invocadas todas as entidades que se manifestam através dos médiuns. Durante a

---

*O atabaque chegou ao Brasil junto com os escravos africanos e é usado em quase todos os rituais afro-brasileiros e na Umbanda. É empregado basicamente para invocar os Orixás. Feito de madeira e aros de ferro que sustentam o couro, formam uma potente caixa de percussão. Os três tamanhos de atabaques utilizados são chamados de rum, rumpi e lê. O rum, o maior de todos, possui o registro grave. O rumpi, o do meio, possui o registro médio. E o lê, o menor, possui o registro agudo. O trio de atabaques executa, ao longo das sessões, uma série de toques que devem estar de acordo com os Orixás e com os cânticos que vão sendo chamados em cada momento do ritual.

sustentação são cantados os pontos, enquanto os consulentes tomam os passes e fazem suas consultas. Nessa fase do ritual, a gira está correndo, como se diz. No instante da descarga, cantamos para que as energias negativas não fiquem no terreiro e retornem à natureza, e então encerramos com os cânticos.

Obviamente, esse roteiro é básico e existem variações conforme os trabalhos da noite e de casa para casa.

Os toques do atabaque também têm a função de auxiliar a concentração da corrente mediúnica, uniformizando os pensamentos e não deixando a desatenção instalar-se. Associados aos cantos, envolvem a mente do médium, não deixando que se desvie do propósito do trabalho espiritual.

Desde as culturas xamânicas mais antigas, passando por praticamente todas as regiões planetárias ao longo da História, temos o registro do uso dos tambores com cunho espiritual. Os cantos bem entoados e vibrados atuam nos chacras superiores (notavelmente o cardíaco, o laríngeo e o frontal), ativando-os naturalmente e potencializando a sintonia com as entidades do astral. As ondas sonoras emitidas pela curimba irradiam-se para todo o centro de Umbanda, desagregam pensamentos-formas negativos, morbos psíquicos e vibriões astrais "grudados" nas auras dos consulentes, diluindo miasmas, higienizando e limpando toda a atmosfera psíquica para que fique nas condições de assepsia e elevação que as práticas espirituais requerem.

Assim, a curimba transformou-se em um potente "polo" irradiador de energia benfazeja dentro do terreiro, expandindo as vibrações dos Orixás. Os cânticos são verdadeiras orações cantadas, ora invocativas, ora de dispersão ou de esconjuras. Também são excepcionais ordens magísticas com altíssimo poder de impacto etéreo-astral que concretizam, no campo da forma coletiva, o que era abstrato individualmente por intermédio das mentes unidas com o mesmo objetivo. É um fundamento sagrado e divino chamado dentro da Umbanda de "magia do som".

Há que se comentar que os guias não são chamados pelos atabaques, como muitos dizem por aí. Na verdade, eles já estão presentes no espaço astral do terreiro muito antes do início das atividades programadas. Os toques no atabaque, os cantos, as palmas – enfim, a curimba – por si sós não fazem a ligação com o plano espiritual e com os seus habitantes, servem apenas como sustentadores. O que realmente invoca os Orixás e os mentores são os nossos sentimentos elevados e os pensamentos positivos emitidos. Se não houver harmonia no grupo, cumplicidade, confiança e amor em nossos corações, de nada servirão todos esses recursos sonoros. Eles só potencializarão a desarmonia, a desconfiança e o desamor. O elemento sustentador está em cada um de nós, o que está fora apenas potencializa o que temos dentro.

Tambor, tambor,
Vai buscar quem mora longe;
Tambor, tambor,
Vai buscar quem mora longe: Vai buscar Oxossi na mata,
Xangô na pedreira,
Ogum no humaitá, Iemanjá na beira d'água,
e Oxum na cachoeira.

NOTA DO AUTOR: Auxiliou, na elaboração do texto deste artigo, o médium trabalhador Vladimir, "curimbeiro" (tocador de tambor) do Grupo de Umbanda Triângulo da Fraternidade.

Cinco casos
verídicos vivenciados
na Umbanda

Toda causa tem seu efeito, todo efeito tem sua causa, existem muitos planos de causalidade, mas nenhum escapa à Lei. (Lei Hermética)

Caso 1: A médium festeira

Ao sair de uma festa, uma médium, trabalhadora regular de uma comunidade terreiro, teve a forte sensação de sofrer um tiro no peito, sua cabeça tonteou e ela caiu no chão. Viu-se fora do corpo, como se tivesse morrido, o corpo físico caído no chão. Neste momento, uma entidade, que se identificou como Exu Meia-Noite, avisa-a de que, se não tivesse feito isso, ela seria assaltada na próxima esquina e um dos assaltantes lhe daria um tiro no peito, pois ela iria reagir ao assalto. Como não era a "hora" dela, pôde atuar protegendo-a e evitando danos imerecidos, já que estava sendo alvo de um forte assédio espiritual de espíritos malfeitores.

Ao "acordar" do desmaio, ainda aturdida e assustada, ouve estampido de tiros na esquina próxima e dois assaltantes fugindo de moto, deixando outra mulher ferida com um tiro na perna. Felizmente não houve vítima fatal, mas ficou a lição do amparo e misericórdia divinos, dentro da lei de merecimento, pela qual somos bafejados quando estamos exercitando a mediunidade caritativa em favor dos nossos semelhantes junto a uma comunidade religiosa que objetiva auxiliar os que a procuram.

Caso 2: Desistência de viagem

Outro caso emblemático foi o de um médium que estava para viajar de ônibus para o interior e se viu, na noite da véspera do embarque, fora do corpo, numa espécie de sonho vívido e lúcido, dentro do ônibus, numa gritaria infernal e o mesmo caindo de uma ponte. Durante a catarse e a sensação de quase morte, escutou a voz do "seu" caboclo – Pedra Roxa –, que disse para ele não viajar naquele dia. Trocou a passagem para o dia seguinte e realmente o acidente aconteceu como tinha sido avisado, havendo vários mortos noticiados na imprensa.

Alguns poderão perguntar se o médium não deveria ter avisado os outros passageiros. Operacionalmente, avisar os outros não seria possível, pela falta de tempo hábil. Além disso, dificilmente dariam ouvidos, pois milhares de pessoas têm esses sonhos em vésperas de viagens de avião e ônibus e nada acontece. No aspecto espiritual, deve-se sempre orar e vigiar, irradiando vibrações para o bem comum, especialmente numa situação dessas, de "previsão", que o médium nunca terá certeza se é verdadeira ou não, podendo, se acreditar cegamente, cair em um engambelo de espírito zombeteiro.

No presente caso, foi verídico e o medianeiro avisado teve merecimento a respeito, pela sua dedicação na prática mediúnica caritativa em favor de uma coletividade. Casos semelhantes, de sonhos lúcidos premonitórios, devem ser sempre avaliados com muita prudência por médiuns e dirigentes espirituais.

Caso 3: Afastada do terreiro

Uma médium que estava afastada há algum tempo das lides de terreiro contraiu uma séria metástase no pâncreas. Ao fazer os exames médicos, verifica-se um tumor do tamanho de uma ameixa. Antes de começar a radioterapia e o tratamento medicamentoso alopático, retorna às atividades mediúnicas, muito tensa e preocupada. Durante a vivência ritual propiciadora do estado alterado de consciência, fica "possuída" pelo Senhor Caboclo Tupynambá.

A entidade pede um machadinho, símbolo do Orixá Xangô, e dançando como um portentoso pajé, "corta" o ar com o machadinho na altura do corpo físico da médium correspondente ao órgão afetado. Ao terminar o gestual ritualístico, "manda" dizer à médium que a sensibilização dos seus chacras foi para ela ser "cavalo" de terreiro na atual encarnação, e que não pode ficar sem a tarefa mediúnica. Avisa que é a última vez que a ajuda, pois não tem mais merecimento para intervir a seu favor se ela não voltar para a prática da caridade. Despedindo-se, deixa recado de que os exames médicos não mais acusarão nenhuma moléstia.

De forma incrível para a nossa incredulidade, a médium fez novos exames e o tumor havia desaparecido, ficando uma tênue cicatriz onde era o tecido mórbido. O médico perguntou onde ela havia feito uma cirurgia tão precisa, e ao responder que tinha sido o "seu" caboclo no terreiro de Umbanda, o caso foi sumariamente encerrado como sem explicação.

Caso 4: O chamado do coração

Num dia de sessão de caridade pública de passes e aconselhamentos de caboclos, após a defumação e os cânticos de abertura, incorpora o guia-chefe do terreiro e diz o seguinte ao cambono: "Meu filho, mande chamar a pessoa que está sentada na assistência que usa um aparelho no coração, de vez em quando sente dor no peito e tem disparadas nos batimentos, pois quero falar com ela, que está bastante preocupada com a situação. Mande-a entrar que estou aguardando".

O cambono, um pouco inseguro, frente a mais de 150 consulentes aguardando o início da chamada por ordem de chegada, descreve o consulente e o chama. Prontamente, um homem de aproximadamente 45 anos levanta o braço. Em conversa com o caboclo, o mesmo explica sua situação, o que a originou no passado, fazendo um alerta que a mediunidade estava "aberta", que seria necessário educá-la. Hoje ele é médium ativo, trabalhador do Grupo de Umbanda Triângulo da Fraternidade, literalmente um filho de Caboclo Pery.

O aparelho em questão é o *stent*, uma pequena prótese em formato de tubo que é colocada no interior de uma artéria para evitar uma possível obstrução total dos vasos. A colocação do *stent* é um procedimento invasivo muito eficiente e menos agressivo que uma cirurgia de revascularização convencional, já que não requer abertura do tórax. Este pequeno tubo metálico é feito de uma liga de aço e cobalto que se expande dentro da artéria. É utilizado quando há obstrução das artérias coronárias, que são extremamente finas. Se houver uma lesão que dificulte o fluxo do sangue em 70% ou mais, é necessário intervir, já que uma obstrução dessa magnitude pode comprometer a oxigenação das células do miocárdio, que são dependentes da irrigação da "artéria doente". Em outras palavras, quando o oxigênio não chega às células, pode haver danos, como o infarto. A pequena prótese, então, é inserida para permitir que o fluxo sanguíneo se estabilize e o coração volte a receber oxigênio normalmente. Não por acaso, este médium é regido por Ogum como Orixá adjunto, o senhor do "ferro" e da vontade, auxiliando-o através da mediunidade.

Caso 5: Um pedido de separação

O consulente chega à frente do médium incorporado com Exu Tiriri. Desfila um rol de reclamações contra a mulher. Não a aguenta mais e quer a separação. Considera-a um atraso, que não o ajuda em nada. Na sua descrição, ele é um advogado renomado, bem-sucedido, com vasta clientela e cultura; a mulher, dona de casa, uma "ignorante" que só fica vendo televisão e gastando o seu dinheiro nos *shoppings* da cidade. A complicação toda é a partilha dos bens, pois a cônjuge é sócia da empresa. Assim, com este vasto reclamatório, pede orientação do Senhor Tiriri.

O Exu vibrado em seu médium dá uma larga gargalhada, umas duas baforadas no grosso charuto, olha-o bem nos olhos e relata o seu passado, quando só estudava e o dinheiro do pai da esposa sustentava o casal. Descreve detalhadamente uma loira esguia, que trabalha com ele. E, finalmente, arremata, perguntando o que ele fazia a mais nos finais de tarde com esta mulher, pois via os dois rindo, tomando um chope gelado, entre carícias e beijos.

O consulente desabou e sua vaidade caiu no chão. Lívido, trêmulo e pálido, o renomado e orgulhoso jurista reconheceu que era sua secretária, e que se encontrava perdidamente apaixonado por ela. Pediu desculpa ao Senhor Tiriri, por ter mentido sobre os reais motivos de sua separação, e reafirmou o pedido de ajuda ao mesmo. A entidade riu mais uma vez, não de escárnio, mas para descomprimir a pequeneza e a hipocrisia do homem. Disse-lhe que a loira bonitona o estava magiando, em trabalho pago de amarração amorosa, deixando-o estupefato ante o detalhamento preciso dos seus objetos pessoais que haviam sumido do escritório. Solicitou ao consulente não fazer nada durante sete dias e se, após este período, sem o envolvimento vibratório do feitiço realizado que seria desmanchado no Plano Astral, ainda quisesse persistir na intenção de separação, que o fizesse, pois seria um amor verdadeiro e não falsa paixão, assim movendo-se pelo sentimento real e ação do seu livre-arbítrio, e não pela interferência subjugadora de uma vontade externa.

Na outra semana, o consulente volta acabrunhado, de cabeça baixa, e se dirige ao chefe do terreiro, pois não era sessão de Exu, relatando todo o caso, desde a consulta com o Senhor Tiriri, finalmente explicando que pegou a secretária no telefone tramando com seu comparsa um plano para conseguirem a senha do cofre do escritório para um roubo de expressivo valor. Enfim, como se diz, a ficha caiu. O consulente pediu perdão aos Orixás na frente do congá, pois descobriu o envolvimento falso em que se encontrava, sendo infiel pela primeira vez em todos os anos de casado, reafirmando seu amor à esposa e companheira dedicada de todas as horas, mãe de seus três filhos, saudáveis e inteligentes.

Palavras finais

Reconhecemos que o arsenal de Umbanda é vasto. Muitos se encantam pela sua magia externa, por sua sonoridade, cheiros, movimentos e cores. Nem tantos assim se deixam encantar no seu mundo íntimo psíquico pela Umbanda, que nos capacita a sermos melhores cidadãos, homens e mulheres de bem, internalizando valores de melhoramento contínuo do caráter, fazendo-nos indivíduos conscientes, mais espiritualizados, serenos e fraternos. Afinal, o grande "encanto" que a Umbanda nos propicia é a possibilidade de mudança interna benfeitora.

E como isso ocorre? Nos diz Ramatís, em capítulo sobre a Umbanda no livro *A Missão do Espiritismo* (1ª edição, 1967, Livraria Freitas Bastos): *encorajado pelos pais de terreiros, o filho então guarda a esperança de melhorar, resguarda-se cada vez mais na produção de pensamentos contraditórios, habitua-se a ocupar-se algumas horas por semana em compromissos de treinamento espiritual, frequenta assiduamente o terreiro, recebendo novas recomendações e advertências, esperança e esclarecimento sobre a responsabilidade humana. Assim, ele mesmo dinamiza energias debilitadas, fortifica a sua vontade, corrige as explosões de cólera, quebra o seu orgulho e vaidade, atento às obrigações humildes, e, sem dúvida, termina por sintonizar-se ao nível das correntes superiores, buscando as forças para superar os reveses e as tragédias tão comuns a todos os homens! Após ganhar no Além amigos poderosos e as promessas dos pais de terreiros, que também se comoveram com sua desdita, prometendo-lhe soluções benfeitoras, fortifica-se realmente, estabelecendo condições favoráveis para a ajuda espiritual!* Ademais, à medida que o filho empreende seu melhoramento íntimo, também reduz suas queixas e aos poucos se conforma com os percalços da vida, aceitando os efeitos daninhos de suas próprias imprudências pretéritas.

Sem dúvida, a mediunidade educada no terreiro e que sustenta transes disciplinados durante os rituais indutores aos estados superiores de consciência, assistidas pelos Guias Astrais, gradativamente interioriza no psiquismo dos médiuns os atributos positivos que eles vivenciam em seu mundo íntimo no momento em que fazem a caridade, dão passes e realizam os aconselhamentos espirituais junto aos consulentes.

Em nossa singela opinião, a Umbanda sem a mediunidade e a presença dos amigos de lado de lá perde o seu encanto, assim como a flor inodora não espalha perfume.

LEIA TAMBÉM

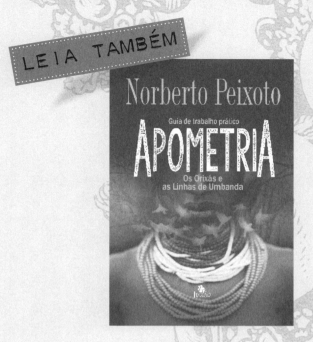

Norberto Peixoto
16x23cm / 168 págs. / ISBN: 978-85-5527-022-2

Apometria é uma técnica terapêutica disponibilizada pelo plano espiritual para atendimento fraterno. Ela respeita e convive em perfeita sintonia com todas as religiões que se orientam na prática do amor e do bem. A experiência de Norberto Peixoto como médium sacerdote e dirigente de trabalho desobsessivo apométrico deu origem a esta obra indispensável e esclarecedora para todo trabalhador e pesquisador espiritualista. É um guia prático que pode ser aplicado em qualquer agrupamento, desde que seja universalista e aberto à manifestação mediúnica dos Falangeiros de Aruanda. Mesmo abordando conteúdos complexos, como a metodologia de trabalho, a mediunidade e a obsessão com o uso de tecnologia extrafísica, o desdobramento espiritual induzido, a nefasta síndrome dos aparelhos parasitas, as ressonâncias de vidas passadas, a invocação das linhas dos Orixás na dinâmica dos atendimentos, a magia negativa e outros temas do Universo da Umbanda, a maneira didática e a linguagem simples do autor os tornam acessíveis e de fácil entendimento.

www.besourobox.com.br

LEIA TAMBÉM

Norberto Peixoto
16x23cm / 168 págs. / ISBN: 978-85-5527-023-9

A BesouroBox traz para você mais um lançamento da série Legião, Exu - O Poder Organizador do Caos. Durante o processo de inserção ocorrido na diáspora africana (nagô) no Brasil, o papel fundamental de ordenador de todo o sistema cósmico de Exu se transformou, no imaginário popular, em uma figura satânica. Ele é o único do panteão de orixás que não foi sincretizado com nenhum santo do catolicismo, numa intencional demonização conduzida pela religião oficial dominante na época e não pelos africanos, ao contrário do senso comum que se estabeleceu. Afinal, quem é Exu? No livro, Norberto Peixoto analisa com profundidade todo o universo de Exu no contexto da Umbanda e, além disso, traz um guia de estudos para que possamos compreender melhor nossos caminhos evolutivos, superando em nós a cruz e as encruzilhadas da existência humana, necessárias à inexorável expansão da consciência como espíritos imortais.

www.besourobox.com.br